创新创业教育丛书

创业哲学

刘雍　熊建强　著

中国水利水电出版社
www.waterpub.com.cn
·北京·

内容提要

目前,"大众创业,万众创新"成为中国经济发展的重要动力,从星星之火到燎原之势,"创业"日益成为社会经济的重要元素,推动着社会及经济结构的深层次变革,对创业理论的深入研究已成为中国经济发展的刚需。

本书共分为九章,通过"自然科学"和"社会科学"两个方面对创业规律进行深入探讨和解读。本书的核心思想是弘扬以"因果观"为基础的价值观,总结出正确的创业目的是乐业;同时,首次提出以"说便是错"和"非两元对立论"为前提的创新性思维模式;在创业决策中,总结出了"关注于人,还是关注于事"的辩证关系,解决了创业者和中小微企业主创业决策中的决策理论根据问题;并推崇以"付出大于索取"和"毛泽东思想"为核心的决策方法;系统地提出和阐述了创业成功的四个核心要素:有梦想、懂因果、守信念、知始终。

此外,本书首次创新性地结合量子力学理论,把复杂且不好把握的创业行为转换成清晰的、可推演的物理现象。

本书在撰写过程中邀请了大量企业家和创业者参与,使本书既有理论性,又具极强的可操作性。使读者经历一次在哲学领域探索创业规律的奇妙之旅,在思想跌宕中收获更加系统、高效、精准的创业思维模式和行为模式。

图书在版编目(CIP)数据

创业哲学 / 刘雍,熊建强著. -- 北京:中国水利水电出版社,2017.6
(创新创业教育丛书)
ISBN 978-7-5170-5492-4

Ⅰ. ①创⋯ Ⅱ. ①刘⋯ ②熊⋯ Ⅲ. ①大学生-创业-研究 Ⅳ. ①G647.38

中国版本图书馆CIP数据核字(2017)第135417号

责任编辑:杨庆川　　加工编辑:孙丹　　装帧设计:梁燕

书　名	创新创业教育丛书 创业哲学 CHUANGYE ZHEXUE
作　者	刘雍　熊建强　著
出版发行	中国水利水电出版社 (北京市海淀区玉渊潭南路1号D座 100038) 网　址:www.waterpub.com.cn E-mail:mchannel@263.net(万水) 　　　　sales@waterpub.com.cn 电　话:(010)68367658(发行部)、82562819(万水)
经　售	北京科水图书销售中心(零售) 电　话:(010)88383994、63202643、68545874 全国各地新华书店和相关出版物销售网点
排　版	北京万水电子信息有限公司
印　刷	联城印刷(北京)有限公司
规　格	170mm×240mm　16开本　11.5印张　132千字
版　次	2017年6月第1版　2017年6月第1次印刷
印　数	0001—4000册
定　价	49.00元

凡购买我社图书,如有缺页、倒页、脱页的,本社发行部负责调换
版权所有·侵权必究

创业不仅是一种生存的探索,更是一种人生境界的追求!

——刘雍

《创业哲学》核心思想

我们弘扬的价值观以"因果观"为基础。

我们建议的思维模式以"说便是错"和"非两元对立论"为前提。

我们推崇的决策模式以"付出大于索取"和"毛泽东思想"为核心。

我们总结的正确的创业目的是:乐业!

我们提出的创业成功要素是:有梦想、懂因果、守信念、知始终。

我们研究的创业成功公式是:利他的价值观+定位准确(合天时地利、了解自我、梦想明确)+正确服务对象的选择+坚定的服务信念+发展阶段的把握。

我们期待的创业终极成果是:企业家成为民族的榜样,企业成为正能量的源动力,品牌成为优秀社会文化的传承。

这是一本看三遍再听两遍才能懂的书,一旦懂了,大大提高创业成功率。

PREFACE 序

创业,是伟大的国家资产,也是精彩的人生历程。当今世界已进入一个崭新的创业时代,国与国之间的竞争聚焦在创新创业水平上。创业的活跃性,已经成为衡量区域经济是否发达的一个重要参考标准。

创业,不仅是社会个体实现个人梦想和社会价值的重要方式,也是政府解决失业问题、创造就业岗位的有效途径。在"大众创业,万众创新"政策的鼓舞下,无数创业青年选择了创业之路,在提供服务满足社会需求的同时,也担负起了学习和传递商业文明的使命。

当我们为部分创业者经过努力最终取得成功而喝彩的时候,也看到了在创业的道路上,那一幕幕"出师未捷身先死"的悲壮情景。据工商部门统计,我国新注册企业的平均寿命只有两年零九个月,绝大多数新企业难以度过前三年的高风险期。

具备专业技能知识与训练的大学生,本应是创业的主力军,但目前在我国却并非如此。我国大学生创业的成功率只有1%,而在发达国家则达到20%~30%。虽然近年来我国政府有关部门采取了多种措施扶持大学生创业,但是面对居高不下的创业失败率,许多人望而却步,真正敢于坚持创业的大学生寥寥无几。

为什么我国的创业成功率这么低呢?这固然与创业的外部因素有关,但创业者自身的创业素质不足、创业教育体系不完善、缺乏对创业规律研究也是重要原因。

对于创业生态环境的培育和创业教育体系的完善,需要政府有关部门制定相关政策并采取措施去实现。揭示创业规律、解决实践问题,帮助创业者提高自身的素质,则是从事创业学研究和教育机构的使命。

创业是一个复杂多变的过程,它有规律可循吗?许多有过创业经历的人和一些从事创业学研究的专家,或许给出了否定的回答。

我们不得不思考,正在进行的创业教育,若没有基础理论的创建与突破,如何让创业者理解创业的内在与真实面目,并按照基本规律规避风险?如何让创业者树

立正确的观念,而修正经常发生的错误做法?如何指导创业者遵循科学的程序,并按照正确路线走向成功?

哲学是一种思考,这是一种寻根式的本质化的思考。古希腊人认为,哲学就是"爱智慧"。智慧不能等同于知识,因为知识关乎自然,而智慧关乎人生。哲学家寻找人生的智慧,注定是在解答一个没有固定答案的"人生方程式"。我们认为,走在艰难创业路上的创业者,正在积累的是一种感受和智慧,正在探寻和实践的是创业规律。

世间万物皆有规律,只是有待于人类去逐步发现。创业规律是真真切切存在的。有无规律意识,是否遵循规律行事,必然决定着创业的成败。这个规律不仅仅呈现在表面,只有在实践中反复冲撞它,有了成败的交替和刺心的痛楚,才能感觉到它的真实。发现规律不能仅靠局部事实,只有把许多现象联系起来,穿越时空的局限才能揪住它。发现规律也不能靠短时间的经验积累,只有对创业过程中错综复杂的关系保持探究的敏感性,抓住一闪即逝的火花,在理性的反思中才能看清它。学习并理解这种规律是创业者的重要准备,实践并掌握这种规律是创业者的真功夫。

经历过艰难创业的人都深有感触,创业就是对创新生活的一种探索和追求,虽然有规律可寻,但是因人而异,因事而异,因境而异。成功者是在多次失败中找准了正确规律的脉络,而失败者则情况各异。

有些人认为,创业是否顺利和成功,取决于资金、人脉、资源、机会、社会背景等条件是否具备。这说明在相当长的一段时间里,在社会经济体制变革之中,确实存在资源分配不合理、信息不对称等因素。但是随着政府依法治国的大力推进,以及社会各方面对遵循市场经济规律净化度认识的提高,创业环境起到了重要作用。其实,环顾古今中外,创业者的成功与其心智、情商、个性是密不可分的,这也是创业能否成功的核心所在。

本书第一次把复杂且不易把握的创业行为,转换成条理清晰和可验证归纳的具体过程予以阐述。在很多人看来,哲学是一门玄奥难懂、枯燥乏味、脱离实际而没有多大用处的学问。读完本书,读者会重新审视自己的观点。本书通过大量案例,深入浅出地讲解了令人信服的哲学原理,又在这些原理的指导下,归纳阐述了一些具有指导意义的创业规律。可以这样认为,本书的目的并不是让创业者挖空心思在创业知识上面劳心费神,而是使其在创业智慧方面有所启迪。

PREFACE

  打开本书细细阅读，作者的撰写以"线索"为引导展开议题，以"非两元对立论"为思维模式，阐述了"有梦想、懂因果、守信念、知始终"四大创业成功要素，并着重说明"创业作为一种社会化活动，其产生与发展变化必有本质规律。无论创业项目的商业模式及所处的市场形态如何，创业行为蕴含的本质规律相同。对这种共性的规律进行提炼，形成系统化的逻辑体系，就是创业哲学。"本书不像当下众多的心灵鸡汤、成功学、管理学或某一门技术课程，直接"打兴奋剂"或告知操作方法。究其根本，是因为本书具有"点燃火焰"的智慧，而不是"授人以渔"知识。

  在这本书中，既能看到一个极具启发性的创业哲学理论框架，也能看到基于科学与哲学、哲学与创业、创业与乐业的逻辑关系，明晰了人和世界的物理本质、创业行为的客观规律。由此更体现了作者的观点："创业不仅是一种生存的探索，更是一种人生境界的追求！"

  本书对创业规律和本质的阐述，融汇了中国的传统哲学思想及现代量子物理学的范畴，许多内容和观点与案例结合得恰如其分、十分精彩，相信读者会有深刻感受。

中国青年创业促进会副会长
广东省创新创业研究院 名誉院长
山东创业职业培训学院 名誉院长

杨华东

2017 年 5 月 10 日

FORWORD
前言

尊敬的读者，翻开本书，您将经历一次在哲学范畴探索创业规律的奇妙之旅。本书将为创业者提供强劲的理论支持和科学的行为指南，让您在思想跌宕中收获更加系统、高效、精准的创业思维模式和行为模式。

目前，"大众创业，万众创新"成为中国经济发展的重要动力，从星星之火到燎原之势，"创业"日益成为社会经济生活的重要元素，推动着社会及经济结构的深层变革。因此，创业理论的深入研究已成为中国经济发展的刚需。

2016年5月17日，习近平总书记在京主持召开哲学社会科学工作座谈会时发表重要讲话指出："坚持和发展中国特色社会主义，必须高度重视哲学社会科学，结合中国特色社会主义伟大实践，加快构建中国特色哲学社会科学。"在此背景下，对创业理论的研究进一步系统化、科学化，提升到揭示普遍规律的哲学层面，对广大创业者及全社会都具有重要意义。

为更好地完成这项工作，我们用了很长时间对大量创业者、企业进行全面观察、深入探访和调研，从创业者和企业家思维模式和行为模式对创业的影响进行思考和提炼，形成了建立正确思维决策模式的理论体系，创业者可以此为"说明书"指导创业。

本书在撰写过程中进行了深入调研，邀请了大量企业家和创业者参与，如左磊、曾英杰、赵秀梅、王学勇、兰宗晓、王立杰、宋现兵、李雪、林志远等，使本书既有理论性，又具极强的可操作性。

同时本书也得到了胡占平、李吉乾、钱道书、杨华东、葛文学、刘俊奇、杨文学、董广驰、王庆新、王世忠、李书印、胡少逸、王安中、谭建国等众多领导的关心和大力支持，在这里一并表示感谢。特别感谢山东交通学院李贞涛副院长，程伟渊主任，于翊广主任配合做了大量的创业教育实践，同时为本书的出版做了大量的工作，深表感谢。

济南职业学院创业学院的曹乐臣院长、孔倩主任，山东省中小企业信息中心刘艾芹主任和张峰高级工程师，还有创业帮扶中心参与帮助组织的韩钦、颜明、于师宗、娄建明、矫超、陈亚楠、樊利敏、刘梦姝等同志都为创业哲学的推广做了大量的工作，在这里也表示感谢。

接下来，我们将从自然科学和社会科学两个范畴对创业规律进行深入探讨和解读。

目录 CONTENTS

序
前言

第一章
"创业哲学"讲什么？

002　第一节　哲学与创业哲学
006　第二节　哲学与科学
010　第三节　决定人类行为的主观因素

001

第二章
如何学习创业？

013

第三章
创业者应有的思维模式

018　第一节　领悟"说便是错"
023　第二节　"非两元对立论"看世界
029　第三节　传统教育模式使传承递减
033　第四节　创新创业者应有的思辨能力

017

第四章
创业行为的物理猜想

046　第一节　人和世界的物理本质
052　第二节　创业行为的物理规律

044

第六章
创业者应有的决策模式

- 086　第一节　自我定位的科学原理与作用
- 095　第二节　团队建设中决策的关键
- 103　第三节　如何把握和构造创业企业生态圈

第五章
创业成功的四个核心要素

- 056　第一节　创业成功的四个核心要素
- 078　第二节　四要素的相互关系

第七章
创业价值观

- 113　第一节　赚钱和花钱的辩证关系
- 120　第二节　创业的目的
- 122　第三节　良性循环的基础与标准

第八章
企业家人生观

- 129　第一节　创业是一种人生境界的追求
- 136　第二节　成为企业家的素质要求

第九章
女性创业价值观

- 143　第一节　从"女子无才便是德"说起
- 146　第二节　传统哲学中性别的自然属性
- 150　第三节　女性的社会属性、家庭属性和企业属性
- 162　第四节　女性的家庭、事业经营规律和标准

创业企业发展诊断表
感　谢
后　记

本章着重解答：
创业哲学与哲学的关系；
科学和哲学；
决定人类行为的主观因素是什么？

第一章
"创业哲学"讲什么？

创业哲学是认知创业本质规律的理论，其核心是研究创业者的价值观、思维模式和决策模式。

量子物理学的发展让我们第一次有可能把创业行为翻译成为物理现象，变得可以把握。

第一节　哲学与创业哲学

哲学解释一切问题的根源，是人类思想对能及之处一切存在进行分析和理解的学问，哲学研究的基础是客观规律的存在及人对客观规律的探索、理解和运用能力。

创业哲学，顾名思义，就是将哲学思想应用于对创业活动的研究中，认知创业本质规律的理论。

哈佛大学政治哲学教授桑德尔在其公开课《公正》里说过："学完哲学，世界并没有变，但你看世界的眼光变了，在你眼中有一个崭新的世界。"

哲学到底是什么？古往今来众说纷纭，她如同一位美丽的女神，迷人而又让人费解，人类只能在追求她的道路上无限接近，却没有人敢自称已经得到她。一个有趣的例子可让人直观地感受：在维基百科几乎所有页面中，点击你看到的第一个链接，在新打开的条目中，再点击任何一个链接，如果一直点下去，最终到达的就是"哲学"词条。

柏拉图指出:"哲学因惊奇而发生,在其注目下,万物脱去种种俗世的遮蔽,将本真展现出来——那是一种真正解放性的力量。"

爱因斯坦这样谈论哲学:"如果把哲学理解为在最普遍和最广泛的形式中对知识的追求,那么,哲学显然就可以被认为是全部科学之母。"

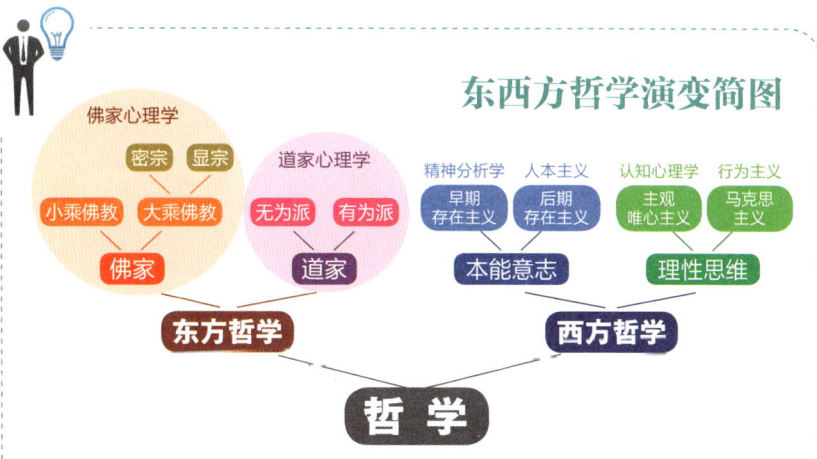

万事万物的存在和运动都有其自身规律,人类现有的各学科门类,就是对客观规律进行细化分类研究。比如"数理化"是对大自然最原本规律的高度抽象和具体实证;"生命科学"是研究大自然中客体存在的规律;其他诸如逻辑、心理、社科等学科研究,最早都是以哲学分支的形式出现,并在相当长的时间里以"哲学"的名义存在。可以说,哲学是人类对客观规律的发现、传承和深化理解,贯穿并推动着人类文明历史的进程。

　　人类智慧的重要表现形式在于通过哲学研究把握客观规律，认识和改造主客观世界。从中国古老的阴阳五行说到西方的自然科学，从经典物理到相对论、量子力学，人类对世界本质的思考、研究和证明不断深入，硕果累累。真理没有尽头，正确的思维方式是智慧的前提，是不断发现、洞悉、揭示、运用客观规律的重要条件。

例如，按照我们目前的认知，人类生活的世界是三维的，但已经有人在探索可能存在的多维世界。虽然人类由于生理构造的原因，自身感知能力有限：无法直接接收超声波，无法用肉眼看到微观世界，无法感知占宇宙绝大多数质量的暗物质……但人类可以通过对客观规律的探求和掌握，借助工具来认识未知世界。

创业作为一种社会化活动，其产生与发展必有本质规律，无论创业项目的商业模式及所处的市场形态如何，创业行为蕴含的本质规律是相同的，对这些共性规律进行提炼，形成系统的逻辑体系，就是创业哲学。

创业的重要元素诸如：创业者的自身定位（思维方法）、创业方向（价值观、商业模式）、创业者与外部因素（市场环境、政策背景）的关系、创业各阶段的正确决策模式、团队建设、商业模式的价值内涵与外延（可复制性与可持续发展力）等，都蕴含着可以掌握和运用的本质规律。

在许多人的理解中，读书都无用，何况"哲学"。听上去"形而上"的"创业哲学"不像当下的心灵鸡汤、成功学、管理学或某一门技术，直接"打兴奋剂"或告知操作方法。但是，它可以从思维、行为上解决创业中的根本问题。在此，要突出一个重要观点：

> 哲学的作用在于构架世界观，修正甚至重塑人对事物的根本看法；创业哲学能够纠正创业者思维中隐秘且严重的偏见。它们影响创业者对世界的理解，左右创业者判断事物的方法，决定创业的成败。

第二节 哲学与科学

广义的哲学是有逻辑系统的宇宙观，它是以定性和确定逻辑认识宇宙整体变化规律的学问。而科学则是在哲学对宇宙的判断基础上，分学科认识宇宙各部分（即万事万物）变化规律的学问。

科学与哲学从来都密不可分，许多大哲自身既是科学家又是哲学家，自然科学和社会科学等学科最初都是哲学体系这条大河的支流，这些分支在汲取沿岸的养分之后，又汇集成更有智慧力量的河流，滋养着沿岸的人类文明，最终百川归海，壮大哲学体系。

科学，本质上是较具体、实用的哲学，科学为哲学理论体系提供佐证，哲学通过逻辑抽象出规律，再指导科学探索。

哲学建立认识客观事物理性且合乎逻辑的方法论体系。科学以这些方法论为基础，通过实验和观察来进行实证，实证的结果又完善了哲学理论体系。

哲学和狭义上的科学都寻求主客观的统一。科学以客观事物为本，通过不断怀疑和实验，直至理论被实证；哲学以主观为出发点，经过逻辑思辨来寻找解释问题的合理方法。

哲学有"一切科学之母"之称。哲学与科学互相影响，最为典型的例子莫过于量子力学理论对传统物理理论的冲击及由此带来的哲学理论大变革：相对论和量子物理学打破了牛顿经典物理学的世界观，产生了认识世界的全新方法。

　　量子物理出现之前，人类对世界的认知停留在"机械决定论"层面，即"没有绝对的偶然性，偶然性寓于必然性之中"。例如，斗地主抓到两个王、四个2，看似偶然事件，但细细还原，洗牌、切牌、叫地主等细节已经决定了你可以拿到这些牌，结果是必然。

　　这种世界观的核心思想是：假如一个人知道宇宙的所有信息，完全可以按照数学推演，得出唯一的宇宙演化方向。

　　量子物理的出现打碎了这种机械决定论的观点。在量子物理学中，就算知道粒子的所有信息，也无法同时测得粒子的速度和位置，只能以一种"纯概率分布"的方式认知。偶然性本身变成一种客观存在。之后，与此相关的混沌理论、涨落理论产生了，这两种理论给近现代哲学理论体系带来了较大影响。

　　科学支撑着哲学的发展，哲学一直对无数科学知识进行概括与延伸，以逻辑为工具，抽象汇总成一种意义层面的世界观，反过来对未知科学领域进行前瞻性的开辟和引导。

哲学弥补了实践的局限,使理性的触角伸展到实践的前端。

哲学乃一切科学的「地基」,科学是哲学之塔的骨架,哲学之塔随着科学的发展越垒越高。

科学与哲学关系图
"哲学之塔"

毛泽东在《矛盾论》中表示:

"实践、认识、再实践、再认识,这种形式,循环往复以至无穷,而实践和认识之每一循环的内容,都比较地进到了高一级的程度。"

奥地利物理学家薛定谔在《我的世界观》一书中称:

"当我们在知识的道路上迈进的时候,我们必须让哲学理念的无形之手从一片迷雾中伸出来引导我们,它像一支先遣队,深入到情况最不明朗的敌方境内布下前哨。"

在对哲学与创业哲学以及哲学与科学的关系进行介绍后,本书第四章,我们将展示一个崭新的、建立在量子物理学基础上的创业概念,它将颠覆你过去对人文行为的观点和看法。

第三节 决定人类行为的主观因素

 **伟雄集团：一头羊该如何率领一群老虎**

广东顺德伟雄集团，一个拥有松本电工等五大知名品牌、十余家分公司的民营企业集团，隐身其后的却是一个仅有小学学历的老板林伟雄。无数同行曾预言它活不到新世纪，无数传媒惊诧着这个咋咋呼呼的广东农民，如何把一间昔日的普通平房，盖成了今天的巍巍大厦……

在《伟雄集团创业20周年纪念专刊》上，一位老员工写文章忆苦思甜：早年的顺德没有文化娱乐，没有电视电影，有人形容这里是文化的沙漠，但在厂里，乐事趣事却经常发生。很多时候厂长亲自下塘抓鱼，老板娘抱来木材烧烤，大家围坐在一起吃鱼聊天；逢年过节，他们会带着大家到酒店吃饭喝酒，在酒桌上畅想未来。林老板夫妇善良随和，甚至和家人一道照顾员工的生活，有时候下班回宿舍发现衣服已经洗好，饭已经做好，就知道老板来过了……

林伟雄告诉记者：其实大多数顺德人经营企业时都有一个准则——敛才才能聚财。同时他也认识到，依靠亲情化管理，最终只能让员工们喜欢留在这里，认真做事踏实干活，却难以让所有人都思考、行动、创造起来。企业的活力只能靠老总一人去点火，而随着时间的推移，老总从学识和精力上都将越来越力不从心。

20世纪90年代初，随着企业规模膨胀，林伟雄开始推行管理用人上的第二部曲：放权运动——放手让别人去干，自己任董事长，妻子秋丽娟任总经理，抓大的决策。公司的日常工作由副总经理签字决策，部门的日常事务由部门主任说了算，就连某一个工位的管理也责任到个人。

我们先来看一个真实案例：

放手让别人去干，说起来容易，做起来心理障碍并不小。实在管不住自己，两人就干脆结伴出国旅游。一个月后回来，发现企业无为而治居然运转良好，不仅形成了全员负责，调动了全员智慧，而且实践证明，这样做还有一个意外的好处：很多小问题、小毛病被消灭在萌芽状态，自己再也不用扮演忙忙碌碌的救火英雄。

责任到位了，利益却悬空了。有一次一位副总经理找林伟雄谈心，吞吞吐吐半天，云遮雾罩，林伟雄好不容易才理解过来：你的意思是不是现在操心太多，而收益太少？

这次谈话让林伟雄思考：夫妻店不能二人赚，现代企业必须尊重员工对物质利益的合理要求。利益调整问题因此被推向前台。在这方面，林伟雄显现出了过人的大气与果断，他很快咨询了各路专家，宣布对企业进行股份制改造，实行精英人才持股制度；对普通员工，将通过修员工宿舍、建工程师楼、探索更加合理的奖惩措施来消除其后顾之忧和不安定因素。

20世纪90年代中期，伟雄集团前前后后投资创办了十多家子公司，每一家子公司都按照高级管理和技术人员持股的方案招募能人，设独立法人，逐步形成董事会和管理层两权分离的治理结构。

而在对后来大名鼎鼎的松本电工有限公司的收购筹办上，林伟雄甚至让初期几乎没有资本投入的人才们共持有了50%的股份。

一个好的机制正如一个诱人的金丝笼。正是孔雀东南飞的大好时光，林伟雄振臂一呼，人才云集。伟雄集团形成了顺德企业界的一道奇观：一个小学文化的老板，背后凝聚了一大批博士、硕士、工程师甚至法国专家，一头羊率领了一群老虎。

伟雄集团就是这样以前所未有的速度腾飞起来的。

在这个真实案例中，林伟雄学历很低，没有学过专业的管理技能，也没有太多的前期实践经验，是什么让他做对每一次重大决策，实现预期效果，保证企业顺利发展的呢？

价值观、思维模式、决策模式关系示意图

经过对很多同类案例的研究，最终我们发现左右人类行为，也是决定创业者创业成败的关键因素是：价值观、思维模式和决策模式。而且三者有着紧密的关系：价值观是思维模式的基础，思维模式是决策模式的基础，决策模式又体现着价值观。

第二章
如何学习创业

学习不仅是一种态度,更是一种能力;
学习创业,实训不可或缺,不在实训中试错,就在创业中损失惨重。就像学习游泳,应先在游泳池里或江河的浅水处试试,如直接跳入深海,那就是作"业"了。

一名初创者，形成创业整体思路和计划，熟练掌握运作技能，学习是必由之路。而理解"学习"，懂得务实高效的"学习"，是快速提升运作能力的关键。

本书认为，学习是"获知事物本质规律，并掌握使用方法的过程"，并强调：学习是一种能力。

"学习"是人必需的生存能力，古人对学习多有论述。《论语》说："学而时习之。"说明"学"和"习"是两个既有联系又有区别的概念。"学"是获知；"习"才是获得和掌握。下面我们将探讨学习最有效的途径，指出学、习并举才是会学习和掌握创业技能的根本方法。

"授人以鱼不如授人以渔"，回想求学之路，是不是听到最多的一句话是："这孩子学习很认真、很刻苦"，而很少听到"这孩子很会学习？"，看似司空见惯的现象却说明了传统教育方式的缺陷：学生只做知识的接收和记录者，更多地把学习作为一种态度，人云亦云，很少在学习方法上进行深入思考和探索，学习变成了机械的记忆，抹杀了学习者对事物的研究能力和对信息的组织运用能力。

以学习骑车的过程为例：通过看和听获取骑车知识，然后进行实践练习，这时产生"骑行成功"和"骑行失败"两个结果，获得经验值，做调整，再次实践，直到成功并熟练掌握。在此过程中，总结训练，再总结训练，实践占了绝大部分，学习创业也是这样，但创业如何"习"呢？

《中庸》把学习分成五个步骤:"学、问、思、辨、行"。

我们认为学习创业亦然,建议创业者按如下步骤进行:

1. 迅速形成目标行业认知,知其历史、现在及未来的发展趋势,并保持相关信息和知识的动态接收与更新。
2. 进入目标行业企业进行工作或实习,完成实践体验。
3. 变换岗位,再次进行行业深度了解和人力资源等资源储备。
4. 在可承受范围内进行案例"试错"。

例如:

投资人是这个世界上最精明的一群人,因为他们要把自己的钱压在一个陌生人身上,然后从中获取超过100%的利润,所以他们的眼光要非常准。

然而就是这样一群精明的人,在过去大半年时间里,不止超过80%的顶级投资人于公开演讲场合、私密群、公开文章,视频或一对一的,反复对我说过同样一句话:"创业者最重要的能力是学习能力。"

刚开始听到这句话的时候,许多人是不理解的,甚至是有些怀疑的,认为这群精明的同志在给大家打心灵鸡汤,谁没有学习能力?要是按照这个逻辑,岂不是那些重点本科以上的人,才是最适合创业的?

可当我慢慢进入创业者的角色时,才理解这里的学习能力并非是坐在课堂掌握教师教授的知识,这种学只是停留在知识层面,并非运用层面。

北极光创始合伙人邓锋表示：

投资人所说的学习能力，是指在创业路上，对于碰到的困难能够不断地主动反省自己，主动总结问题，主动寻找解决方案，并具有能把学到的知识下沉到解决层面且下次不再犯的能力。

邓锋，著名投资人，他创办的公司 NetScreen 在纳斯达克上市，后来又成功出售。

IDG 副总裁楼军表示：
创业者首先要有格局观和很强的学习能力。

这里存在两个命题，一个是格局观，另一个是学习能力。按照我对创业者的观察和自己的理解，他所提到的学习能力是指"道"层面，而不是学习方法的"术"层面。学习方法可以通过后天的锻炼打磨，但学习的能力——这种深藏在骨子里的能力，一方面是上天的赋予，另一方面是创业的心态所激发出来的。如果你不具备强烈的创业企图心，这种学习能力是激发不出来的。

有了这样的学习能力，创业者才能更好地塑造格局观，打磨好自己和团队。

本节最后想着重说明，我们完全反对没有深入学习的、赌博式的盲目创业，这完全是机会主义者的做法，是被他人的成功诱惑了，而不是自己理性和负责的选择。

*关于本节内容，读者可参照毛泽东的《实践论》（1937年7月）和《改造我们的学习》（1941年）进行学习。

本章着重解答：
怎样听得懂话；
怎样看得懂事；
传统教育方式导致常见的创业者思维误区；
创业者应有的思维模式应是怎样的。

第三章
创业者应有的思维模式

理解"说便是错"，就能透过语言懂真意。
非两元对立看世界，世界才变得更真实。
懂得"格物"、具有良好的抽象思维能力和全面的信息组织能力，
是创业者正确决策的基础。

从小我们被教育在家要听爸爸妈妈的话、上学要听老师的话、上班要听领导的话，现在我们要创新创业了，突然发现没有人对我们说话了，习惯听话的我们有些茫然不知所措。从小形成的服从为主的思维模式，该如何改变呢？

下面请跟随我们去学习和提高创新创业能力的第一步，建立具有创造力的思维模式！

无论是创业还是做其他事，有能力准确接收、判断和处理信息是实施者非常重要的基础素质。这需要由正确的思维方式，对信息进行区别吸收、准确判断才能完全懂得。

第一节 领悟"说便是错"

"文不达言，言不达意"，语言可以表达出的意思永远少于想表达的，所以要"看文知言，听言知意"。创业者在学习和沟通上，必须具备较高的领悟意识和辨识能力，才能实现较高的决策力。

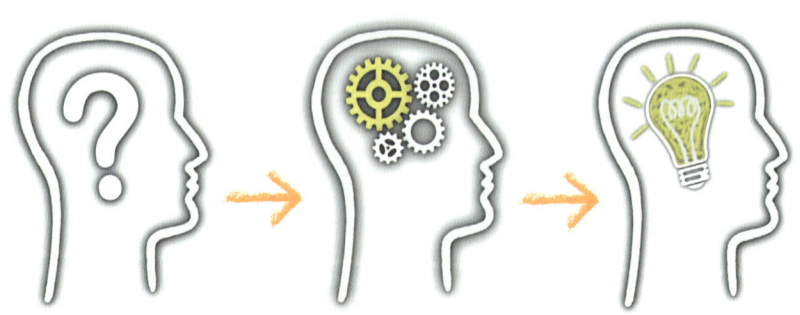

"说便是错"本是佛教用语,如今,人们在闲聊时或某些场合都说过或听过,但很少有人对其深刻内涵进行思考。创业者如果能深刻理解"说便是错",将极大促进思考的全面性和创新性,从而提升决策的科学性。

"说便是错"的原意是:说出来的,都无法全面、充分地表达想表达的全部信息,无法避免信息的折损和失真。同时,"说"必然有表达者的角度和思考,不可能是全面准确的客观事实。所以,能"听得懂话"("话"指广义的知识、概念、信息等)是优秀创业者的必备能力。

在中国传统哲学中,对于语言的探讨有许多有趣的论述,《庄子·齐物论》里,庄子说:"言尽悖"。墨家反驳道:如果"言尽悖",庄子的这个"言"难道就不悖吗?我们常说:"世界上没有绝对的真理",这句话本身是不是"绝对的真理"?

举一个著名的悖论例子:

"我在说谎"

这句话,即使没有哲学基础,按照字面理解也知道是自相矛盾的,但又不能说其错误。"我在说谎"是一种自我表述与自我解释,它的矛盾之处在于:如果此话的描述是真的,那么这段描述说它自己在说谎就是假的,这句话就自相矛盾,由此可直观地感受到文字本身既模糊又有歧义的特点。

语言是表达的工具，语言本身只是事物表层的符号展示，要深入事物的本质，需要用逻辑做刀，层层剖析。对于不假思索、"约定俗成"的观念和说法，要具有辨识能力，避免被思维惯性带入盲区。

逻辑是洞悉事物本质的工具和必由之路

许多国人欠缺逻辑思维能力，与长期以来的填鸭式教育有关。相信许多读者依然对求学期间的考试记忆犹新：所有的问题都有标准答案，即使是弹性极大的阅读理解。学生只要背过，考试能写出标准答案即可，不用明白知识的深层含义。长此以往，受教育者就会养成唯书本论、唯老师论、唯正确答案论……只被动地接受"是什么"，而不去思考"为什么"，失去了独立思考和质疑的意识，严重损害了对事物本质规律的认知能力。

填鸭式教育不仅让学生不堪重负，还让学生如圈养的羊，思维狭窄僵化，无法理解广阔的天地。

德国哲学家尼采在《希腊悲剧时代的哲学》中说道:"我们的一切观念,只要其经验所与的、汲自这个直观世界的,内容都被当作'永恒真理',就会陷入矛盾。如果有绝对运动,就不会有空间;如果有绝对空间,就不会有运动;如果有绝对存在,就不会有多样性;如果有绝对的多样性,就不会有统一性。"

我们必须明白一个事实:语言可以命名的一切,都带着虚妄的味道。大脑中根深蒂固的一些观念,并非全部合乎客观,因为在认识一件事物时,一定会从自身已经理解的事实出发进行解释和判断,特别是在许多看似"常识"性的认知上。

在大家熟知的"盲人摸象"这个典故中,盲人之所以不知道大象的全貌,是因为没有运用逻辑和信息整合。如果盲人汇总了信息,即可通过大象的局部来判断大象的体积、外部特征和整体形象等。这说明,如果缺少思辨能力,缺少对信息进行有效筛选、获取和综合的能力,则无异于盲人。

盲人摸象

很多时候，我们对世界的阐述和认知犹如"盲人摸象"。

创业者如果深刻理解了"说便是错"的含义，便不会从孤证中寻找决策依据，而是利用所掌握的信息，运用逻辑工具，把握事物的全貌及其发展规律和本质，从多角度理解和判断事物。

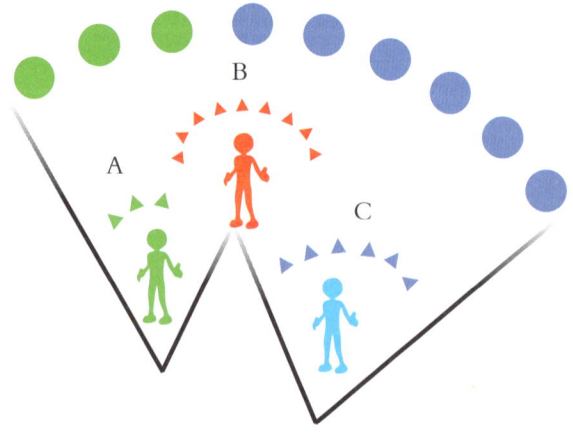

同样是9个球，A、B、C由于所处位置不同，看到的球的数量也不同

创业是一种复杂的行为，以下几个问题务必在创业初期进行反复思考：

1. 我创业的根本动机是什么？
2. 我创业会面临哪些问题？这些问题有解决方法吗？
3. 确定这些方法的依据是什么？
4. 我选择这个创业项目，是他人怂恿我跟风，还是经过深思熟虑的行为？思考的依据是什么？
5. 我对创业项目的理解来自于哪些知识？
6. 我能否清晰地向他人描述这个项目的未来？

第二节 "非两元对立论"看世界

准确的判断能力是正确决策的基础，但长期以来，传统教育和社会舆论氛围造成的"非对即错"的思维模式，严重限制了人们对中间地带和趋势的观察判断，让更多的人在非好即坏的价值体系下忽左忽右，导致短视决策的产生。其实，世界上的绝大多数情况是好与坏、白与黑的转化状态，所以准确的观察应该是动态的、多维度的，不能只做静态的对错分析。正确的结论，首先来自把握转化趋势和规律的意识。

当用"非两元对立论"观察世界时,眼界将豁然开朗,你会发现身边充满了转化的状态和过程,只需把握转化规律进行适应或运用,你就会向有利于事情的方向变化,事情也会向有利于你的方向发展。

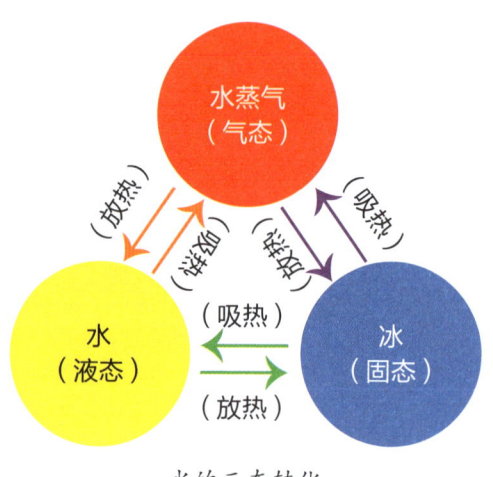

水的三态转化

我们小时候看电影时会经常说:这是坏人、这是好人;现在去各大新闻网站的跟帖上看看:你是五毛,你是美分。总之非此即彼,非黑即白。这就是"两元对立论"看世界——非对即错。

> 大多数人从小被教导、灌输"不好＝坏;不对＝错;不美＝丑",思维被两元对立思想模式所限制,失去了对规律、本质、发展趋势的动态思考和把握能力,这对创新创业能力的提升形成了较大限制。

"两元对立论"的形成也有历史上的政治文化等深层次原因。大到社会管理，小到家庭教育：需要服从权威，其他就是错的。让人"站队"，只需把"站错队"的打倒即可。灰色地带不允许存在，只许一种"真理"的声音，把"对"的加以强化，为己所用，就能实现管理上的全面控制。这抹杀了人们追求个性的天性，当有人试图做出改变时，总会被各种理由和借口铲除。非黑即白的世界观本质上是认知问题，由家庭教育、社会教育、学校教育、自我教育等综合原因造成。

颜色从白到黑，"灰色"占绝大部分

创业失败者的共性之一是，会把世界看作"非黑即白"，符合其价值观的为白，不符合即为黑，刻板、片面地看问题，决策缺乏动态的适应力。不可否认，世间万物都是矛盾的，但又是对立统一的，矛盾双方一直在转化过程中。"灰色地带"贯穿事物发展的全过程。成功的创业者，一定懂得用动态的观念和发展的眼光看待环境及所涉及的人和事。

毛泽东在《矛盾论》中表示：

"所谓形而上学的或庸俗进化论的宇宙观，就是用孤立的、静止的和片面的观点去看世界。这种宇宙观把世界一切事物，一切事物的形态和种类，都看成是永远彼此孤立和永远不变化的。"

按照辨证唯物主义观点，事物发展过程中，每一种矛盾的两个方面各以其对立面为存在前提，双方共处一个统一中，矛盾着的双方在一定条件下，各自向相反方面转化。

现代的数字图像技术，已经很明确地把黑和白这两种色彩用数值量化，在黑白之间的色彩很多。将黑白对立起来，等于把很多不确定性直接人为地限制成确定性。

例如 **"光"**

它既表现出粒子性，也表现出波动性，且粒子性可以证实，波动性也可以证实，它们互相矛盾，但都符合观测实践。这就是量子物理中著名的光的"波粒二象性"。

再如：

有夫妻二人，其中女方出轨，可能人们知道后的第一反应是女人不守妇道，但听说丈夫对她家暴后，又觉得此女情有可原。再后来，又听说她丈夫从小被继母虐待，造成了性格上的问题，又觉得这个男人也挺可怜，但他继母为什么虐待他呢？是因为……，若用"非黑即白"的判断模式，第一阶段的结论就是女人完全错了。若没有后续听说，这就是最终结论了；反之，第一反应会是：女人为什么这样？于是开始主动探究转化过程，不盲目定性，马上能探知到丈夫家暴的信息点，这样你的了解就会逐步深入，最后结论肯定与第一种情况是不同的，因为你把握了事件的全貌。

事物需要从多维度进行思考。忽视了事物发生和发展变化的过程，非此即彼，必然导致对事物本质规律的把握出现偏差，使决策失误。

请牢记：

非黑即白只能是一件事的结果，灰色地带才是事情的发展过程，才能体现事物本质规律。

中国太极图对事物本质的阐释极其简洁又深刻

其实，阴阳从来不可能刚好保持在各50%的状态，一直都在不停地转换，或阳多而转阴，或阴多而转阳，即浅灰到深灰，深灰到浅灰，这是世界的真相。

如果创业者先入为主，对事情习惯性地急于定性判断，则结果肯定是片面的，会阻碍创造性思维的进化。"两元对立论"是一种简单的、粗暴的理解世界的方式，非黑即白是一种对事物理解成本最低的方法，一旦创业者用此理解和思考创业中的问题，必然导致只看到结果，忽视事物的发展趋势，丧失很多机会。

因此我们更愿意推荐这样一种创业方式：先进入一个高速增长的行业，努力工作，积攒经验，拓展人脉，关键是掌握行业发展的转换规律，使你对行业中事物的判断更精准，这样当创业机会来临时，才能把握住机会，获得成功的几率才更大。

★关于事物的矛盾及其互相转化，建议大家仔细阅读毛泽东的《矛盾论》。

第三节 传统教育模式使传承递减

传统教育模式以记忆标准答案为主要手段，这大大地制约了人们的创新思维能力。同时，也使文化知识传承呈现递减状态，因为在人们传递信息的过程中，传递者不可避免地会按照自己的经验和理解来接收和传播信息，信息必然出现丢失或变形，原始含义逐步递减。创业者必须明白这个道理，才能见微知著，在接收信息时主动思考，实现创新或提升。同时，高效的团队也必须明白这个道理，这样团队才能实现超越期望。

例如：**管中窥豹**

若无从局部推断全局的能力，则只见斑点不见豹。

我们都知道，如果将一句话告诉另外一个人，他再告诉下一个人，如此传递下去，可能到第 10 个人，信息已完全变形。这类似于生物学体系中的"能量金字塔结构"，能量在生物链上的传递是递减的，只有 10% 左右的能量能够从上一级生物转移到下一级，在文化的传承上也是同样道理。许多文化遗产早已不是它们本来的面目，还掺杂着各种因素造成的误读。"尽信书不如无书"就是此意。

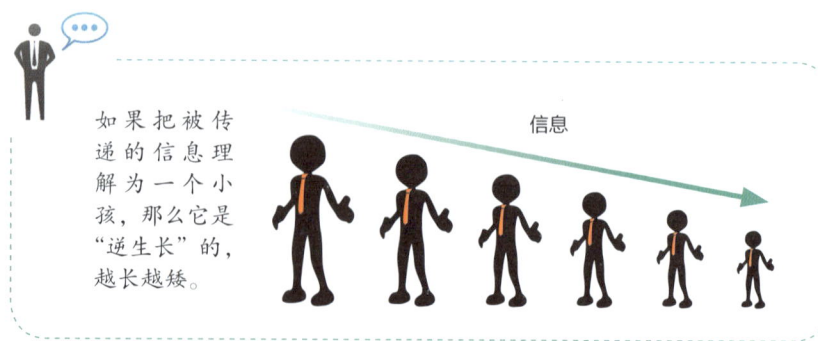

如果把被传递的信息理解为一个小孩，那么它是"逆生长"的，越长越矮。

举两个例子：

1

某军队里，团长传口令："今天是阴历八月十五，晚上8点请大家到操场赏月！"到营长，传口令："团长请大家在八月十五晚上到操场赏月！"到连长，传口令："八月十五晚上，团长请大家去操场！"到排长，传口令："十五晚上，团长要在操场见大家！"到班长，传口令："团长要在十五晚上检阅大家操练，大家做好准备！"口令一再失真，虽是一则笑话，但恰恰是一个信息丢失的典型案例，反映了人们在语言传递过程中，真实信息丢失和误解的过程。

2

"人不为己，天诛地灭"的原意：

很多人认为这句话的意思是：人如果不为自己谋利、谋权、谋色，就要招到天地诛杀。"人不为己天诛地灭"的出处是《佛说十善业道经》第二十四集：人生为己，天经地义，人不为己，天诛地灭。佛家的意思是：不杀生、不偷盗、不邪淫、不妄语、不两舌、不绮语、不恶口、不贪欲、不嗔恚、不邪见，才是"为自己"。不为自己制造新的恶果，不为自己造成新的灾祸，这才是"为自己"。只有这样才不会天诛地灭。在"人不为己，天诛地灭"这句话中，"为己"则是要求"人"遵循道德法则。按照佛学的主张，真正为"己"的人，必然淡泊名利，超脱物外，

（续）

举止合度。显然，我们理解的"人不为己，天诛地灭"恰恰是它的对立面。诸如：有的商人为了谋利，在食品中添加或注入不利人体的东西；有的官员为了谋权，用公款请客送礼，进行权钱交易等；表面看来，这些都是"为己"，但其实是在害己！

从佛家对"己"的理解，为人民服务，就是为自己。我为人人，人人为我。

信息递减规律：

1. 只要有传递，肯定会递减。
2. 递减传递不可逆。也就是说，A→B 是个递减过程，而 A←B 不会成为递增过程。如果发生 A←B，依然是递减过程。

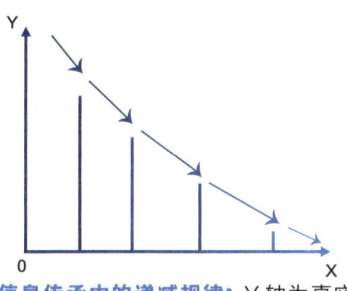

信息传承中的递减规律： Y 轴为真实信息含量，X 轴为传递环节及周期，信息量及其真实性随着 X 轴的延伸而不断衰减，直至接近于 0

理解信息递减规律有如下作用：

❶ 理解我们掌握的信息是经过主观处理过的，受到信息传播者的经验、思维习惯甚至价值观的影响，变形衰减。因此，需要对其偏见进行反思诘问和调整。

❷ 获取信息时，学会从多个角度进行信息补充完善，避免思维的线性误区，减少创业决策失误。

❸ 在传递信息时，尽量用准确、便于对方理解的词汇传递，必要时请对方复述，最大程度地减少信息丢失量，避免被误读。创业者在商务活动及团队建设中，要尽量减少信息传递环节，避免越传越乱。

希望创业者在信息处理过程中，克服只对直接信息进行判断的习惯。在面对人和事时，多调研、多扩展性思考，不道听途说、盲目决策，对获取到的信息多问几个"是这样吗？为什么会这样？有无其他可能？"若能进行实证更好，这样才能掌握全面、准确、客观的信息，在市场中做到知己知彼，准确决策。

第四节 创新创业者应有的思辨能力

《创业哲学》通过大量创业案例梳理，发现创业成功者在思维模式上有几个共性：具备格物的能力和习惯，具备动态看问题的能力以及对信息的全面组织能力。

通过之前的论述，相信创业者已经在思维层面有了许多启迪和感悟，本节将总结创新创业者应有的思维模式，以期真正让创业者学会全面、系统、动态地看问题，科学分析创新创业过程，形成更好的创业决策模式，降低创业风险，提升创业成功率。

下面分别论述各种能力的内涵及培养方法。

一、"格物"的能力

《说文解字》对"格"的解释是:"木長皃"(木长貌,树木生长的样子)。一棵树,有根,有末梢,一切都从根上生。

"格物"是区分事物、明确本质的过程,是对事物本源的分析,通过理解现象,明晰事物的"因",总结规律并将其运用于其他现象。《大学》中说:"物有本末,事有终始,知所先后,则近道矣。"物的本末和事的始终,只有靠"格物"才能"致知",才能知其本末,才可近道。"格物"是致知的基础,通过对事物的"格",才能看清事物的真相。缺乏"格物"意识就无法准确获取事物的构成要素,致使参照不全面,导致判断决策失误。

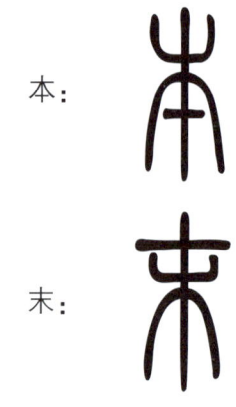

古文中对"本末"的解读

举一个简单的例子:不让座谁的错?

不久前,在公交车上,一位老人因身边的学生没给自己让座而打骂了这位学生。全国舆论哗然,观点基本分两派,老人错和学生错,两派相互指责对方无德。

下面用格物的方法来分析，结论有什么不同：

1. 先确定此事件中的几个组成要素：老人、学生、过程。

2. 弄清楚三个要素基于普遍价值观的特征：

老人：客观上应该受到尊重爱护，主观上应该是行为榜样，爱护青年人。

学生：客观上应该受到老年人的爱护和培养，主观上应该尊敬和照顾老人。

过程：主观上（基于事情本身）的是非"学生不该不让座，老人更不该打人"，客观上（基于事情对客观环境的影响）这种事情给社会带来了什么影响。

3. 经过细分可以发现，老人和学生首先应该各自守住自己的"道"——"尊老爱幼"，有一方坚守本分则此事不会发生；其次，从社会的角度看，此事的是非不重要，发生此事并如何评判，对社会的影响是重要的。由此我们可以清晰准确地把握原委，客观评价，传播时理念才能正确，对社会起到正向作用。

再例如，白光的组成

三棱镜可以将白光分解为七色光，让我们知道白光的组成。

"格物"的方法和标准：

"格物"有方法和角度，我们只探讨创业方面。创业中的"格物"主要针对创业涉及的人和事进行。任何一件事，都需要判断是由哪些小事组成的，一直细分到每一件环节，然后可判断每件小事在组成大事时的相互关系，再看每件事又涉及多少人，为什么？每个参与方的角色和准确诉求（准确诉求指对方表达和未表达的两个部分），当把事的环节和人的组成都"格"成单元并对其个性进行准确把握后，事情自然清晰，判断自然准确，决策自然正确。这是格物在创业中甚至生活极其重要的作用。

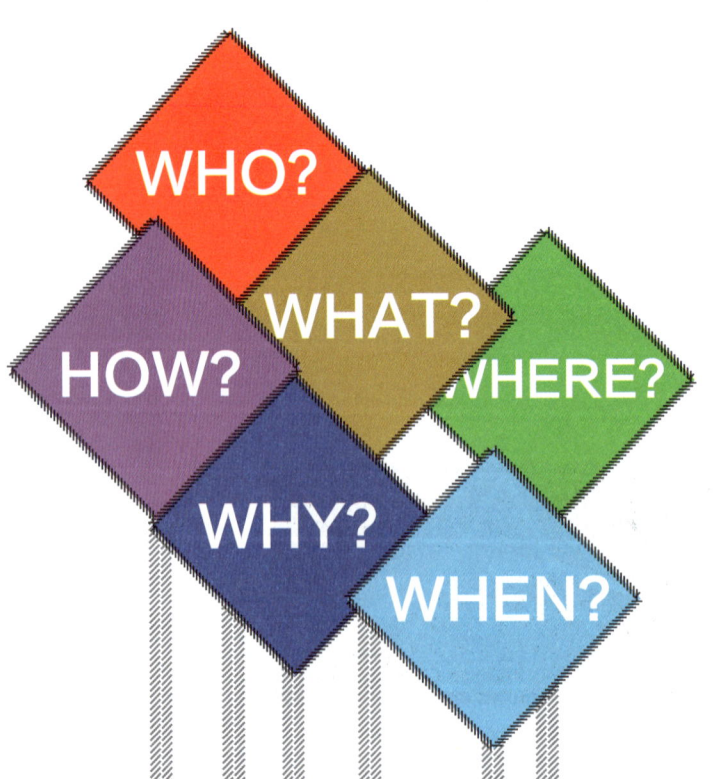

另外，在儒家思想里，"格物"是基础也是境界，通过"格物"可以提升自身修养，提高个人能力。

案例

100万能一下子筹到吗?

如今的时代可以称为"微时代",微是什么?是小而精。进一步来说,就是我们常常谈到的社会分工的高度细化、高度专业化。毕竟,在知识爆炸的今天,任何一个单独的个体,都很难驾驭一个复杂的东西,这既要求我们要懂得团队合作,也要求我们要学会对复杂的事物进行分解,找到解决的切入点。

在此背景下,创业也是如此。我曾经和包括360公司老总周鸿祎在内的创业人士交流,我发现,创业一定是从最小的那个点开始的。梦想可以看上去很美、绚丽,但行动一定是从微小的第一步开始的。

比如说,你要成立一家公司或要做一个项目,需要100万,能一下筹到吗?很难。接着,你发现,这100万是分别使用的,那你第一步要做什么呢?首先要立项,立项就要去申报,申报的时候要交1000块钱,你就先找1000块钱。1000块钱找完了就可以申报,一步一步地来。分解以后,你会发现,这100万并不是必须"一步到位"的,当你解决完一个焦点的小问题时,就会带动解决其他问题,形成一个连锁反应。

这种方法叫"焦点解决法",这是后现代工业社会西方解决问题常用的方法。西方一些学者认为,社会太复杂了,你要同时解决十个问题非常难,怎么办?把它分解一下,分解以后,集中从一个小的问题开始。套用这个方法,"微"

创业也要求我们学会对复杂的事物进行分解，找到最容易、最简单切入的点，然后一步步着手去做。

事实上，我们所熟知的创业故事都不是"一口吃个胖子"，而是一步一步慢慢做大，这也符合我一直秉持的一个观点，即创业是一个学习的过程。我们总说创业，创业究竟是什么？有的人搞不清楚，以为创业就是做生意、赚大钱。在我看来，这是很狭义的一种解释，创业的本质是创新，通过创新创意的驱动，实现从零到一、从无到有、无中生有，真正形成自己的创业实体。

（作者李家华，系中国青年政治学院副校长）

二、抽象思维能力

人类认知的三个核心部分为：身体感知、大脑记忆思考和心灵感受。三部分互为基础，相互作用，循环往复。前两者形成大脑抽象和结构化的思维能力。心灵感受的部分涉及很多玄学，这里暂不论述。

"抽象"建立在现实事物之间普遍联系和普遍存在相似性的基础上，是一种化繁为简的规律，运用这种规律可解释现实和预测未来。

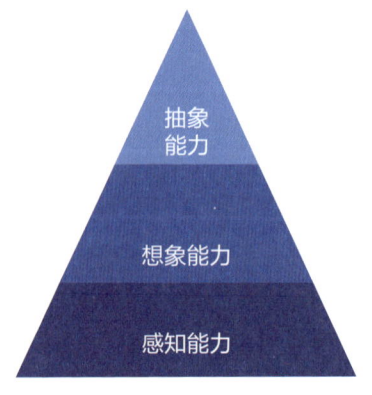

抽象能力位于人类思维能力的金字塔顶端

人类认知的发展，从真实形象到图画和模型（雕刻），再到文字和图表，从具象到抽象，每一个过程长达几千年。当人类形成抽象思维能力以后，这种能力主宰了人类发展。

创业领导人必须具备系统的抽象能力，才能在面对市场、组织体系建设、产品体系构建等庞杂事务时，迅速剥离表象，探知本质，形成企业自身的体系，让整个团队获得、理解和信服完整的行动方向和线路图，形成团队能量共振，在更大范围和更深层面上进行团队能量释放。

本书也是在对大量创业者分析的基础上，提炼出了成功创业的本质规律。

创业中系统抽象思维的方法如下：第一步，完成对事物要素的组织和分析，把握主要矛盾，理解事物本质；第二步，对所有要素进行二次分解归类，进行步骤流程梳理，并捋清局部和整体的关系。

牛顿 & 苹果

抽象思维能力的培养关键是要有意识地养成抽象思维的习惯。例如，落在牛顿头上的苹果和落在其他人头上的苹果本质上没有区别，只是人不一样，结果就不一样。牛顿的物理学定律无一不是抽象思维的成果。

三、全面的信息组织能力

创业领导人除了格物能力、抽象思维的能力外，还需要全面的信息组织能力。在目标确定后，创业者应迅速完成信息整合并进行梳理，形成思路脉络和框架方向，否则，片段性判断或不完全估计会导致创业决策和创业团队的行为左右摇摆，企业的命运大起大落。

经典信息组织案例：曹操与袁绍的官渡之战

官渡之战，曹操面对袁绍十几倍于自己的强大兵力，整个团队对胜算充满怀疑，畏战情绪严重，此时，曹操的谋士郭嘉从"道，义，治，度，谋，德，仁，明，文，武"十个方面对双方进行了系统的对比和分析，剥茧抽丝地分析了为什么袁绍70万大军不足惧，提振了军心，为曹操与袁绍对战提供了决策依据。

下面来看一下郭嘉是如何组织分析的：

"刘、项之不敌，公所知也。高祖惟智胜，项羽虽强，终为所擒。今绍有十败，公有十胜，绍兵虽盛，不足惧也"：

1. 绍繁礼多仪，公体任自然，此道胜也

袁绍重视繁文缛节，讲究形式；而曹操出于自然，毫无做作，顺其自然，不受陈旧俗约束，"每与人谈论，戏弄言诵，尽无所隐，及欢悦大笑。"可见在与人打交道上操胜过绍。

2. 绍以逆动，公以顺率，此义胜也

袁绍据淮南窃有玉玺称帝，开同叛国；而曹操执行"挟天子以令诸侯"的战略，在名义上胜过前者。

3. 桓、灵以来，政失于宽，绍以宽济，公以猛纠，此治胜也

自从桓帝、灵帝以来，政令、法令松驰，袁绍用松驰来补救松驰。因此，缺乏法制，政令不通。曹操用严厉来纠正松驰，使得大小官员都知道遵守法纪，这是在管理上胜过袁绍。

4. 绍外宽内忌，所任多亲戚，公外简内明，用人惟才，此度胜也

绍外表宽厚文雅，而内心猜忌刻薄，好起疑心，只信任亲戚子弟，性格刚愎自用，难于采纳他人的意见。而曹操的性格特征却均与他相反，外表平易近人，而内心机敏善察，用人不疑，不分远近亲疏，这是在气度用人上胜过袁绍。

5. 绍多谋少决，公得策辄行，此谋胜也

袁绍计谋多,而决断少，外表勇猛,而内心怯弱,把握不住机遇。而曹操则果断明决，制定策略就立即执行，通权达变，可应付无穷的时势变化，谋略上胜袁绍。

6. 绍专收名誉，公以至诚待人，此德胜也

袁绍以沽名钓誉，那些华而不实的士大夫都去投奔他。而曹操至诚待人，不虚情假义。在品德上胜过袁绍。

7. 绍恤近忽远，公虑无不周，此仁胜也

袁绍看到别人饥寒交迫，怜悯之情便在面色上表现出来，但对没有看到的，就考虑不周。曹操则对眼前的小事常常忽略不管，但对于大事，涉及到全国、全局的事，所施恩赐却往往使人感到意外。对于看不到的事也考虑得十分周到，仁义上胜过袁绍。

8. 绍听谗惑乱，公浸润不行，此明胜也

袁绍手下的大臣争权夺利，互进谗言，混淆视听。而曹操管理手下有方，谗言诬陷行不通，这是在理智上胜过袁绍。

9. 绍是非混淆，公法度严明，此文胜也

袁绍做事是非分辨不清，奖罚不明。而曹操奖罚分明，对正直、有功的人礼敬，对犯罪、邪恶的人以法律制裁，这是在法治上胜过袁绍。

10. 绍好为虚势，不知兵要，公以少克众，用兵如神，此武胜也

袁绍用兵喜好虚张声势，不合兵法；而曹操以寡击众，用兵如神。这是在用兵上胜过袁绍。

全面的信息组织能力是创业者进行准确决策的思维基础，若加上对达成创业目标所需的人和资源的深刻认识，则每当遇到新的资源信息介入，能迅速完成资源整合和分配。创业者要想进入一个新的行业，必须把这个行业摸透，弄清这个行业现有的商业逻辑、成本结构、资金流动方式、供应链的特点等，然后再考虑商业模式、新技术的问题。

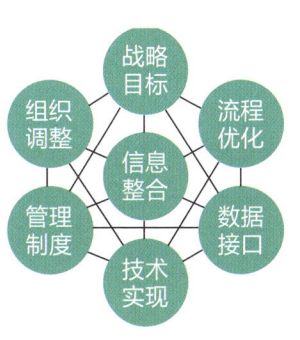

信息组织能力是一种综合能力

第四章
创业行为的物理猜想

> 真实的世界是什么样的？现在看，只有粒子和波。
> 双缝实验、量子纠缠同样改变着我们对创业的看法。
> 透过量子物理学我们看到：创业行为也是能量的振动与传递。

创新创业看似是不好计量和预测的人文行为，所以其成功有很大的不确定性。其实，这是因为我们没有翻开它的本质，从更深层次去探索和观察它的规律。接下来，我们将颠覆你对创业的传统认知，让你重新认识世界和人类的创新创业行为。

本书第三章主要研究了创业者思维层面的扩展与提升，本章将以传统哲学结合现代量子物理学，分析人和世界的物理本质，并以此为线索，揭示创业行为的本质规律，推演"发生"改变了什么，帮助创业者剥离虚象，洞察事物的运行规律，构建创业决策的准确参照系。

本章将完全颠覆你对人生和周围物质与人文环境的理解，让你开启用心去认识世界的通道，用心跳去体验世界真相的能力。本章也是创业哲学的物理支点，从本章开始，你将用另一种眼光看待做人做事和创业，让创业从捉摸不定变得像垒积木一样清晰可见，让成功创业变得可以测量和把握。

第一节 人和世界的物理本质
Section One

存在是什么？世界的本质是什么？这是哲学的终极命题。随着哲学与科学的发展，阶段性的"真相"逐步显现，在量子物理学与相对论的推动下，对世界宏观、微观层面的认识实现了巨大突破。

一个具备成功潜质的创业者，应该对自身和万物的本质有深刻认识，理解人类一切行为与万事万物的相互关系，这是决策准确性和创业成功率可控的必要条件。

世界的物理真相是什么？

人对世界的了解是靠人体器官的感知以及大脑对神经信号的解析实现的。比如，颜色是眼睛对光波的翻译，声音是耳朵对声波的翻译……器官对世界的信息（波）接收程度和范围不同，认知就不同。比如，人和许多其他动物看到的世界就迥异。蝙蝠的视力极差，它感知世界的方法依赖超声波，所以它认识的世界和人类大相径庭。人类肉眼看到的所有物质，如果从较微观的层面进行科学探测，全部由各种粒子组成，量子物理的波粒二象性证实：粒子的本质也是波。弦理论对此进行了进一步的解释："自然界的基本单元不是电子、光子、中微子和夸克之类的点状粒子，而是很小很小的线状的'弦'。"

例如，

一块石头静止地放在你面前，你肉眼看到的就是它的色泽、纹理、大小、形状，如此"真实"，让你确信无疑——这是一块石头。但是如果从微观看，可以看到分子、原子、原子核、电子、质子、中子、夸克，直至最微观的振动的波在不停运转，从未静止。

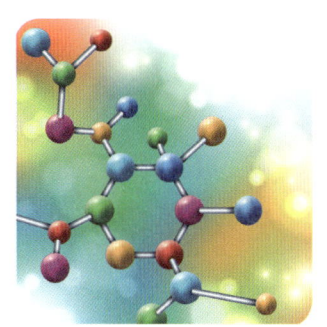

这也是现代物理和佛教理论互相印证之处，"色即是空，空即是色"。物质世界的本质是由不同振动的能量波（弦）组成，振动频率、方向、强度不同，才显现出林林总总的大千世界。

两个著名的物理实验

实验一：双缝实验

双缝实验是世界十大经典物理实验之首。1807年，托马斯·杨总结出版了《自然哲学讲义》，书中综合整理了他在光学方面的工作成果，并第一次描述了双缝实验：把一支蜡烛放在一张开了一个小孔的纸前面，这样就形成了一个点光源（从一个点发出的光源）。现在在纸后面再放一张纸，不同的是，第二张纸上开了两道平行的狭缝。从小孔中射出的光穿过两道狭缝投到屏幕上，形成了一系列明暗交替的条纹，这就是双缝干涉条纹。那么为什么没有形成两道光带呢？光线不是由光粒子组成、直线传播的吗？

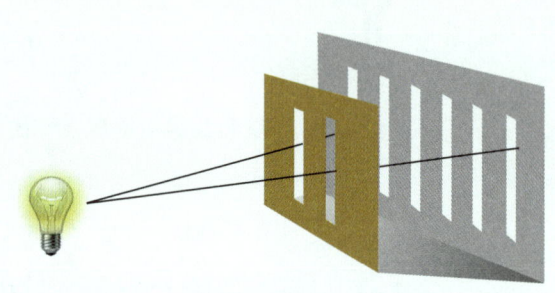

双缝实验被称作"撬动世界的实验"，它证明了波粒二象性

为了观察清楚，科学家架好摄像机，准备好记录设施，这时奇迹出现了，投到屏幕上的光又表现出了粒子的特性，形成了两道光带。这是最终证明光具有"波粒二象性"的关键性试验。

那么粒和波是什么关系呢？

如上文所提的弦理论证明，自然界的基本单元是很小的线状的"弦"（包括有端点的"开弦"和圈状的"闭弦"或闭合弦）。弦的不同振动和运动产生出各种不同的基本粒子，实现能量与物质间的转化（为便于表述，下文在描述时将其简化为"能量波振动"）。

弦理论是理论物理的一个分支学科，弦的不同振动和运动就产生出各种不同的基本粒子，能量与物质是可以转化的，故弦理论并非证明物质不存在。

物理学家还发现，弦的振动模式与粒子的引力作用之间存在着直接的联系。同样的关联也存于弦振动模式与其他力的性质之间，一根弦所携带的电磁力、弱力和强力也完全由其振动模式决定。弦有缠绕式及非缠绕式两种运动方式，弦的能量有两个来源：振动和缠绕。弦运动产生粒子与力，而各种粒子与力之间的差异只是弦线的长度、振动参数和形状的不同。

弦理论完美地融合了量子力学与广义相对论：因为所有物质和力都来自同一个基元——振动的弦。

人的本质是物质，从微观看亦由无数能量波构成，区别于其他个体的是其具有不同的振动频率带来的表征差异。人行为的本质，是通过不同的振动频率向环境进行能量传递，影响周围波的振动，实现能量交互。这是现阶段科学家发现的人与世界的关系的真相。

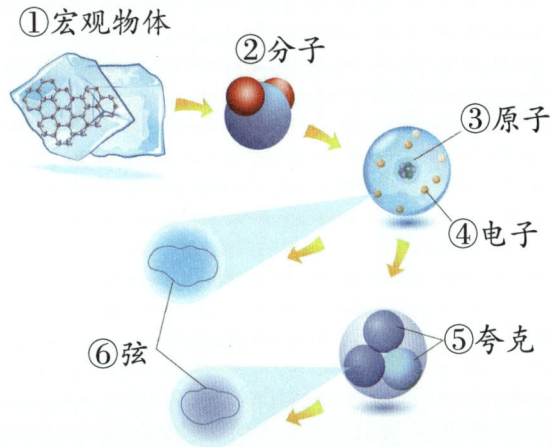

实验二：量子纠缠

"量子纠缠"可以预测一对量子的状态，即使两个量子相隔天涯。

量子纠缠是在两个或两个以上粒子组成的系统中相互影响的现象。它描述了两个粒子互相纠缠，即使相距遥远，一个粒子的行为也会影响另一个粒子的状态。当其中一个粒子由于被操作（如量子测量）而状态发生变化时，另一个也会即刻发生相应的变化，中间无需任何介质。

这说明，宏观世界是不存在随机状态的，当物质这一秒的状态确定后，其下一秒的状态是依照这一秒的状态，在确定的物理规律下运行得到的。也就是说，在物质的"现在"确定且物理规律也确定后，物质的未来状态就是确定的。

明晰了物质存在和运动的本质之后，会对人与万物的关系有崭新的认识。人类作为物质之一，也是由无数震荡的波组成，波的振动依赖原力能量体系存在。人的能量振动频率与整个宇宙振动频率保持着紧密的联系，这也是为何古人将"天人合一"作为终极追求。

人与世界交互的过程（行为）是与世界的能量互相影响的过程，人采取正确的"振动频率"才能与万物和谐，这也是因果观的微观科学基础，也是构建成功创业者世界观和价值观的认知基础。

讲到这里，大家看世界和事物的眼光是否有所改变？理解之后，就会懂得在决策和行动时，应以能量传递的理论为基础，规划行为方向。若想获得好的结果，那必然要传递"善"的能量，实现传递的"多米诺骨牌"效应，才能得到"善"的回馈。这种对世界的科学认识构成了创业哲学价值观的基础，同时也是创业者学好创业哲学的认识基础。

第二节 创业行为的物理规律

根据第一节的论述，我们从物理学角度为"创业行为"下了一个新的定义。

创业行为

创业是创业者通过自身主体与周围环境的互动，进行自我能量的调适与输出，运用自身能量振动频率的调整，与客体产生共振，实现能量聚集，改变周围能量场的行为。

衡量标准

衡量创业成功的物理标准，是看有多少人和事物与创业者实现了同频共振，能否实现共振及共振的强度和范围，整个能量传递的距离（最终目标是否能实现），取决于创业者的能量振动模式（行为模式和决策模式）。

例如：五脏六腑的工作模式

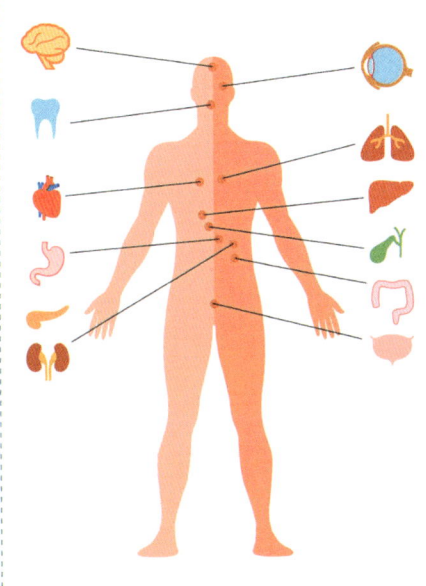

人的心脏只有三瓦的功率，却能够把血液贯通到全身所有的毛细血管，而人造心脏有三十瓦的功率还做不到这点，为什么？后来科学家发现，关键因素是其他内脏都在随着心跳的频率进行共振，一旦某个器官共振发生问题，振动频率紊乱，身体就生病了，而且脉搏随之变化，这也是中医能通过号脉诊断病情的基础。

正确的创业行为一定符合周围环境的振动频率（市场需求、宏观政策和发展趋势等），创业者要通过"愿景和正确的价值观"确定创业能量振动的初始点，实现团队共振，通过"目标市场"明确振动方向，形成与服务对象的共振，最终实现与环境能量的和谐统一，实现创业目标。

★建议阅读《毛泽东选集》，明晰中国共产党思想体系和队伍体系建设的过程。

第五章
创业成功的四个核心要素

什么才算梦想？这是创业目标吗？
商业模式就是因果关系的设计，那么因果的规律是什么呢？
怎样才能做出可以始终把握市场主动的创业计划？
"有梦想""守信念""懂因果""知始终"互为基础，互为支撑。

下面是一张通向创业成功的"地图",有理念、有方法、有标准,你可想、可持、可行。这会让你感受到,原来创业有百分之百成功的精准方法;也会让你对很多事物有新的看法;还会大大改变你做事的行为模式,因为这是迈向创业成功的法则。

> 当创业者建立起新的思维模式,了解世界真相后,创业从何开始?怎样实施才能万无一失,保证成功?经过对大量成功创业者经历的深入研究和长期追踪调研,我们发现,创业中有四个核心要素是创业成功率的关键,分别是:有梦想、懂因果、守信念和知始终。
>
> 创业者只要在各阶段把握好这四个核心要素,并清晰梦想和目标之间、商业模式和因果之间、可持续发展和信念之间、商业计划和始终之间的关系,创业之路基本会畅通无阻。

下面详细论述这四个核心要素的深层内涵及其对创业的决定性影响。

第一节 创业成功的四个核心要素

本节将着重论述"有梦想、懂因果、守信念、知始终"的确切含义,以及它们作用于创业的具体原理及相互关系,帮助创业者抓住创业关键点,校验创业行为。

一、有梦想

俗话说"一念生万物",对创业者而言,"有梦想"是创业的起点,是确定创业目标的基础。很多人对梦想并没有清晰的概念:想有房、有车算不算?想赚钱算不算? 虽说"日有所思,夜有所梦",但日有所思,夜就有所梦吗? 也不尽然,只有日日所思,才能夜有所梦,可见梦想是你内心真正迫切想要实现的愿望。

那欲望是不是梦想呢?

我们认为梦想和欲望有本质的区别，如下表：

梦 想	欲 望
发挥自身优势产生的创造性体验（一定程度的牺牲，能赋予生命意义）	易倦的消费性体验（娱乐、取悦）
追逐	被追逐
想起来的时候让人振奋	想起来的时候让人痛苦
弱化"我"，以一种使命感，能长期坚持，只为实现一个特定目标	关注于"我"，关注自己的成败得失，满足感短暂

梦想也不同于幻想和空想。有人这样定义它们：梦想，想做但还没做成的事；幻想，想做但是做不成的事；空想，想做但是根本没动手的事。维基百科的解释是："梦想，是对未来的一种期望，指在现实想未来的事，或是可以达到但必须努力才可以达到的境况。梦想就是一种让你感到坚持就是幸福的东西，甚至可以视为一种信仰。"

那么到底什么才是创业梦想呢？

创业哲学给出了以下标准：

1. 执着的。
2. 具象清晰，可以清晰描述（可说、可看、可算）。
3. 成果和社会是和谐的，若格局崇高则更易实现。

本书前面几章已阐明：创业行为的本质是能量释放引起的共振传递。"有梦想"居四个核心要素之首，是因为梦想是创业者能量的源头，决定创业行为能量传递的初始能量值。梦想中蕴含的价值观，决定能量传递的振动频率，振动频率体现着吸引力法则：价值观决定着能与多少人和事物达成共振，进而影响能量传递的距离，决定创业能否成功。由此可见，利他的梦想更易被目标群认可和接受，更易和环境产生共振。

创业者的梦想是能量传递的起点

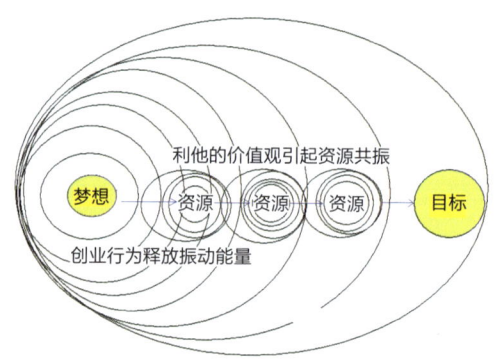

梦想，是创业者的核心长远目标。要想实现，一定是基于利他（满足市场需求、解决市场痛点、具备社会价值等）的价值观。"利他→得到认同、实现更多共振→传播力"是其内在客观规律。此外，梦想体现了创业者的情怀，可以提升创业者的个人魅力和领导力，是初创型企业的企业文化的基石，也是企业价值观和团队思想统一的基础。

例如：习近平总书记提出的中国梦，就是要让全体国民有方向、有目标、有格局地可持续发展。

习近平总书记提出的中国梦，代表了现阶段中国的发展方向。

"中国梦"的本质内涵是一个追求的目标，是我们全国人民共同的目标——实现中华民族的伟大复兴。因为时代的不同，中国梦也具有不同的特征，但是其本质是不变的——实现国家富强、民族复兴、人民幸福。它的作用：一是指引了党和人民发展的方向；二是记录了中国历史进程的主题主线；三是凝聚了中国的力量，凝聚了中国各族人民团结的力量。创业的梦想同样要实现企业文化的塑造和团队的凝聚的目的和作用。

创业梦想要靠创业项目的实施来实现，如何选择创业项目呢？

本书为现阶段的创业好项目制定了一个标准，即项目提供的产品是市场的刚需或可以培养成市场刚需。

"刚需"意味着市场有强烈的可持续需求；"可以培养成刚需"是指需求可以被创造并具有持续性，即具有较强的市场潜力。两种情况都意味着，创业者如果满足了此类需求，就解决了市场或用户的问题，实现利他，创业者的社会价值和商业价值自然得以呈现。

刚需的本质：

刚需的本质，是创业者真正抓住市场痛点，但人或人群的需求痛点是随时随地变化的，所以谈刚需还要充分考虑"时间"和"目标群体"两个因素，要在客户细分和行业发展阶段的基础上谈刚需。

选择"刚需"作为创业的切入点，可以大幅度减少创业前期的项目风险及后期的推广阻力，但也会面临更激烈的竞争。所以，刚需并不局限于现有的需求，创业者如果从动态、趋势的角度看问题，则可以挖掘潜在需求、培养市场刚需。对于已有的被某些产品或服务满足的需求，可进行层次划分和细化，逐层或选取一层满足，通过个性化、差异化竞争占领市场。

判断用户需求的方法:

(1)需求应当源自客观实际,而非主观臆断。

(2)需求量是否充沛、可持续。

判断需求量需参考的因素有:①目标用户基数、消费能力、意愿预算、行业公开报告;②根据拟进入市场的产值,评估自身产品的价格、使用周期、效率、成本优劣势,这部分数据的获取可采用百度指数等工具。

(3)小规模验证、试错。

选取小范围进行产品的市场投放,根据反馈信息进行优化迭代。

例如:从智能手机的普及看刚需培养

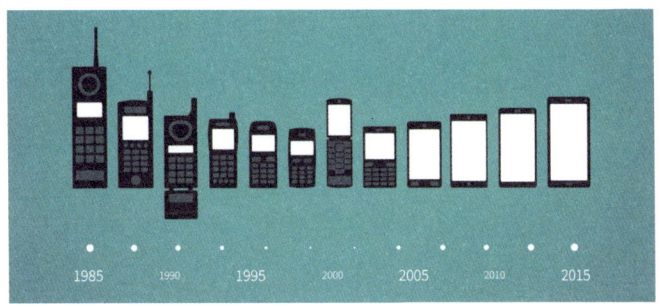

此图为手机演变史。形象地展示了伴随着经济和科技发展,市场需求和产品功能的演变。

智能手机，在 2006 年属于改善型的需求，到了 2016 年就变成了刚需。由此可见，行业的不同发展阶段对刚需的定义是不同的。

如果从公司战略层面来思考，其实就是要做一个取舍，我们到底要做哪些人的生意？我们是提供市场上已有的服务给客户，还是提供全新的服务给客户？

> 一个优秀的创业者须具备这样的能力：能够抽象出到底什么是真正的用户需求，千万不要把解决某个客户需求的产品形态误认为是广大用户的需求。

有人说："乔布斯不满足用户需求，他创造用户需求。"这句话其实是不对的。乔布斯就算再伟大，也不可能改变世界运转的规律，如果他不满足用户的需求，用户为何要买苹果产品？需求是永恒存在的。

2016 年人们的需求和公元前 2016 年人们的需求并没有多大的不同，大家都要吃饭、睡觉、穿衣服、交通、通信，但是满足这些需求的产品形态一直在变化。乔布斯创造的是新的产品形态，只是他们错误地将其表述为乔布斯创造了新的需求。

需求来自人类的本能和欲望,它是永恒不变的,而解决需求的产品形态则始终都在变化,它是一个相对概念,产品形态因其服务的人群和行业的发展阶段而变。

二、懂因果

从以上可以看出,"有梦想"是创业的发动机,而"懂因果"则是成功创业的开始。"因果观"不仅是一种价值观,更是进入市场后选择和完善商业模式的基石。从物理角度看,是能量输出的方向及设定振动频率的根据。

在中国传统文化的语境中,"因果"是一个极具宗教色彩的词(佛教),创业哲学所讲的"因果"不仅充分吸收、借鉴其精华,而且从现代科学的角度进行解读。

创业中,"因"是创业者创业的市场观(价值取向),这决定了服务对象的选择和服务项目的确定及如何实施;"果"是创业所实现的目标和梦想,这决定了整个创业行为的效能。

通俗理解，"因"是能产生一定后果的原因，果就是由一定原因产生的结果。因果律认为：种瓜得瓜，种豆得豆，"因果"是先后关系，其实不然，根据量子物理学的研究，"因果"其实是并生关系，但果有时会逐步呈现。这就是俗话说的"不是不报，时候未到，时候一到，因果必报。"

春种秋收，在播下种子后，有合适的温度和湿度、养分，一段时间后自然会发芽、开花、结果。这个现象如此"普通"，以致人们都习以为常。在耕种中，种子是因，果实是果，种子坏了便不能成果。但事实是：在稻种产生稻芽的时候，稻种和稻芽像左右手一样同时存在，也就是因（种子）产生的瞬间，果（稻芽）也产生了，且果只能是稻芽，不会长出西红柿，呈现所需要的只是时间。这就是因果的必然。懂了这个道理，会对因有敬畏之心，对自己的行为进行约束和调整，广种善因。

"因果"面前，人人平等，没有特权。如果想改变果，首先要改变造成这个果的行为，而非焦灼于后果，"菩萨畏因，众生畏果"即此理。

"因果"有时看上去不是清晰直接的关系，就像多米诺骨牌，一开始推动的力量引起的连锁反应会导致最后一块牌倒下。也就是说，最后一块牌倒下的真正原因是推动第一块牌倒下的力量。所以，要想对事情的"因果"有更准确的判断，需要用全局和历史的眼光、大格局地看问题。

多米诺现象

创业者所执着的"因",是坚定不移地为所选择的服务对象提供优质产品或服务,这应是其商业模式的方向和核心,这种价值观和目标,体现了创业者的梦想。"因"的选择,决定了创业能量的传递方向。

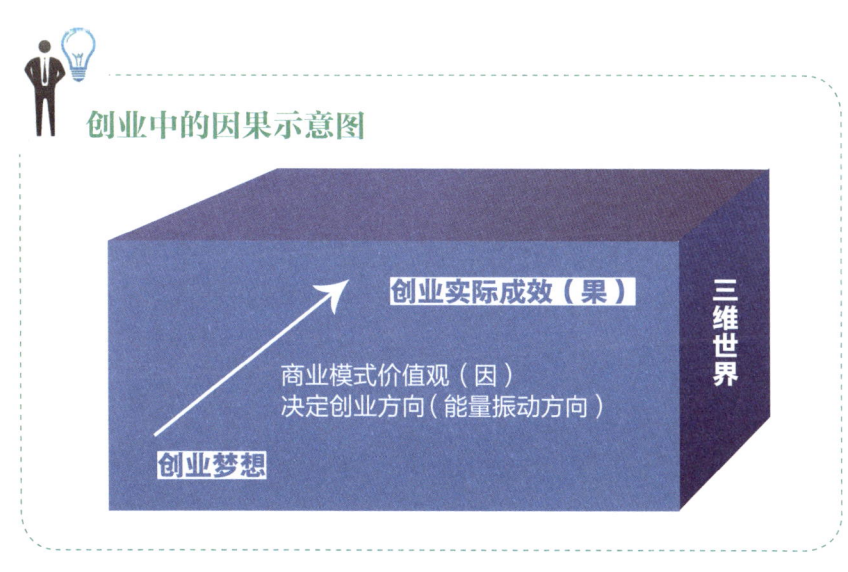

创业中的因果示意图

 "无尖不商"古今谈

旧时买米以升斗作量器,故有"升斗小民"之说。"无尖不商"原意是说古时候开粮行、卖谷米是用升或斗量的,商人卖谷米每次都把升和斗堆得尖尖的,尽量让利,以博得回头客。其他行业也是如此,如布庄扯布,"足尺放三""加三放尺"等。后经演绎变成了"无奸不商",成了为了利益而使用奸诈手段的意思。

所谓"自利"就是自己的利益,所谓"利他"就是他人的利益。所谓"自利利他",就是为了自己获利而采取的行动,必须同时让他人、对方也获利。这才是真正的经商,才是健康的商业社会的基本原理。

延伸阅读：

日航凭什么复兴？兼谈"利己"与"利他"
——日本著名实业家稻盛和夫

日航重建成功，我的任务完成，2013年3月，我退出了日航董事会。夜晚，我在上床入睡之前，常常回顾日航重建过程的日日夜夜，"究竟为什么日航重建能够获得如此奇迹般的成功？"我进行了深入的思考。

为了重建日本经济，为了保住留任日航员工的就业岗位，为了日本国民，我鞭策这把老骨头，不拿一分钱报酬，全力以赴，投入了日航的重建。同时，员工们也抱着和我一样的想法，为了重建日航而拼命工作。

看到我们抱着纯粹的"利他之心"，奋不顾身、持续拼命努力的样子，"上天"因可怜我们而向我们伸出了援助之手。我不得不这样去想。我觉得，如果没有这种远远超越我们自身力量的宇宙、自然在背后推动，日航如此奇迹般的回升是不可能的。

这层意思，或许还可以用"自力"和"他力"的概念来表达。"利他之心"能够唤来超越自力的所谓"他力之风"来帮助自己。

不妨把我们的人生比喻为在大海中航行。为了度过一个理想的人生，我们必须用尽自己的力量，拼命划船。但是，仅仅依靠自身的力量不可能到达遥远的彼岸。我们必须做好准备，在航船前进的方向上，接受他力之风的助推。所谓准备，就是扬起接受他力之风的结实而美妙的风帆。

在宇宙间，常吹着一股"他力之风"，它推动森罗万象、一切事物不断向着更好的方向前进。然而，如果一味地强调"我的，我的"，在用"利己之心"扬起的风帆上，就像风帆上布满了孔洞，任凭"他力之风"如何吹刮，风都会从孔洞中穿过，无论风帆升得多高，航船也不会前行。

经常有人这么说："靠利他之心真的能够经营好企业吗？企业经营的基本出发点不就是利己的欲望吗？"确实，"要想赚更多的钱""要想过更富裕的生活"，这一类利己的欲望在开展事业的时候，可以起到发动机似的巨大的作用，特别是新兴的风险型企业，要实现利己欲望的热情和愿望往往成为开展事业的起点。而且在这种热情和愿望的驱使下构筑的高超的战略战术，实际上把事业引向了成功，这也是事实。

然而，仅仅依靠利己欲望经营企业的人，他们的成功决不可能长期持续。因为如果一切策略的目的全都集中在满足自己的欲望这一点上，那么竞争对手也会只考虑自己的利益，以牙还牙，采取针锋相对的措施，结果必将发生摩擦和争斗。

还有，在将利己的欲望作为发动机使事业获得成功的时候，这种成功越大，经营者自己就会变得越来越傲慢不逊。他们会忽视在公司发展过程中忘我奉献的员工，不把员工的努力和贡献放在眼里。经营者忘记了谦虚，企业内部就会产生不协调的声音，最后甚至会将企业引向破灭。

在做生意的时候，加入体谅他人的、利他的思想，让对方、让周围的人都觉得"这个买卖做得好"，对方也会有所回报，结果双方得利，皆大欢喜。当然，我所说的"利他"，并不是要通过损害自己来让对方获利，决不是这个意思。恰恰相反，正因为自己"想要富裕"，就应该体会到对方和周围的人同自己一样，"也想富裕"。人同此心，因此要考虑如何让对方同自己一样，也能高兴欢喜。也就是说，不是"只要自己好就行"，不可一味地自私自利，必须投入同情、体谅、慈爱的"利他之心"。

努力以这种利他之心去经营企业，就一定能够引导企业不断成长发展。这是超越行业、超越国界的"真理"。对于这一点，我深信不疑。

坚持"利他"自然实现"利己"——这种因果观一直是中国传统文化的精髓之一，但如今许多人由于不懂其内在客观规律而对此没有敬畏之心，导致出现了许多社会问题。

再举一例：求爱与推销

年轻人求爱，大多是如何表白的呢？"我喜欢你，你跟我在一起吧""我真的特别喜欢你，每次看到你如何高兴，见不到你如何思念"等，都是在强调自己的需求；但当我们推销商品的时候，大多是这样说的："您好！我们这个商品非常好，能为您解决什么问题，能给您带来什么好处等"，都是在为客户着想。仔细一想，求爱难道不是一种自我推销吗？为什么大多数人想不到表达，你能为你爱的人带来什么呢？

无论做任何事情，要想实现愿望，首先要以利他的心态考虑问题，满足他人的需求，这才是真正的懂因果。

运用此规律设计创业项目商业模式时，须参照以下标准：

"简单直接的利他，明确有效的利己。"

三、守信念

本章第一、第二小节分别论述了"有梦想"和"懂因果"两个创业要素,阐明了创业能量的起点和方向的决定性因素。如何才能使能量传递持续,直至实现创业目标呢?本节论述决定能量振动强度和持续的核心要素——"守信念"。

"信念"是日常生活和艺术作品中的高频词,无论是生活中的佼佼者还是艺术作品中的英雄人物,凡成大事者,都有坚定的信念。信念源于崇高的梦想和利他的精神,具备坚定的信念可贵,但如何坚守更值得探究。

信念是意志行为的基础,是个体动机目标与其整体长远目标的统一,没有信念,人就不会有意志,更不会有积极主动的行为。信念是一种心理动能,能激发人们潜在的体力、精力、智力和其他综合能力,以保持和实现与信仰相应的行为。

> 创业中的"守信念",是保持创业能量传递持续强度的关键,是决定创业者能走多远的重要意志因素。

强大的信念来自何处？必定来自于利他的价值观。例如，如果爱人遇到危险，另一方即使懦弱，也会舍身营救，同样的危险发生在自己身上，则很可能会害怕犹豫。

"守信念"的物理本质是稳定的、持续的能量传递

"守信念"的基础是统一的思想和价值观，除了帮助创业者战胜创业中的困难外，还能使创业公司形成富有凝聚力的企业文化。

在中国传统文化中，对信念的论述非常多："古之立大事者，不惟有超世之才，亦必有坚忍不拔之志。"（苏轼）"老骥伏枥，志在千里；烈士暮年，壮心不已。"（曹操）"骐骥一跃，不能十步；驽马十驾，功在不舍；锲而舍之，朽木不折；锲而不舍，金石可镂。"（荀况）等，这些都是在表达：一个真正有成就的人必定具备志向高远、信念坚韧、不畏惧困难的特质。

量子力学的实验证明，如光子这类的基本粒子，其运动可以被人的观察（或者说意念）所影响，而且人可以凭信念选择它的运动形式。也就是说，"信念"二字不再只是哲学上的意义，它还是人们内心对物质现象如何表现的基本前提和约定。

布鲁斯·立普顿

布鲁斯·立普顿曾经是细胞生物学方面的科学家，从事干细胞复制研究长达20多年，他的研究结果令人瞠目结舌。

在他的《信念的力量》一书中，以翔实的实验数据和案例说明了其离经叛道的生物学观念：至高无上的DNA并不能操纵生物的行为和生理机能，它只是提供蛋白质复制的蓝图而已，因为基因不能自显、不能自启动；相反，基因的启动需要来自外界环境的信号刺激。以牛顿力学为基础的现代医学过于强调人体物质结构的一面，而无视人体内能量和信息（心智）的一面，事实上物质和能量是交织在一起不可分割的，在很多情况下，心智（信念能量）对生物生理机能的效应远远大于物质对生物生理机能的效应。据此，他认为现代医学必须把量子力学和牛顿力学结合起来。

信念的强度体现一个人的格局，格局变大，信念自然增强。创业者可从以下四个问题中体会：

问题一：面对目前的困难或喜悦，十年之后会怎么看？
问题二：目前做的这件事，在我的整个人生中起什么作用？
问题三：和别人相比，我对社会的价值是什么？
问题四：为了实现这种价值，我愿意承担什么？

进行这样的思考，是为了培养更深邃、更宽广、更开放的心智，培养成更大的格局。所谓"看自己、看天地、看众生"就是此意。

不同格局的深层次原因

类型	目标	眼界	信念
零度格局（盲众）	无目标或只是追随当下的潮流	以"人生苦短、及时行乐"等流行文化所潜移默化传递的价值观为典型	实际上这类人并无稳定信念，很容易被他人诱导和说服，故经常大呼"毁三观"
一度格局（逐利者）	作为精致或粗放的利己主义者，旨在寻求自身利益的最大化	熟悉与逐利相关联的各种知识和技能，包括对利益机会的洞察，同时兼具比较完整的常识体系	笃信丛林法则，认为每个人都是逐利性动物，且能力越强，获利越大
二度格局（理念人）	为理念而生的人，他们毕生的行动就是追求和捍卫真理	对某个甚至多个知识领域有非常深入、系统的钻研，并常常能提出极具创造性的观点	真理是美的，人生的价值就在于追寻真理之美，与此相应的，必须保持内心的诚实
三度格局（至善人）	以改良社会、增进人类福祉为最高目标	对他人有很强的同理心，对人类社会历史和现状有深刻认识，同时具有某个专业领域的知识，兼具"理念人"特性	个人对整个社会负有责任，努力地去改善世界，减少世界的苦难和不公，可能有坚定的宗教信仰

仔细分析上表可以发现，其中蕴含着"梦想""因果"的含义，创业的四个核心要素之间互相作用、紧密联系。**忘我的、不求果的利因（他）是成功创业者得以坚守信念，在商业中抵御诱惑、排除干扰的强大力量。**

例如：

习近平总书记指出，理想信念是思想和行为的"总开关"，有了坚定的理想信念，站位就高了，眼界就宽了，心胸就开阔了，就能坚持正确的政治方向，在胜利和顺境时不骄傲不急躁，在困难和逆境时不消沉不动摇，经得起各种风险和困难考验，自觉抵制各种腐朽思想的侵蚀，永葆共产党人的政治本色。革命战争年代，无数先烈在生死面前之所以能够赴汤蹈火、视死如归，就是因为他们对崇高的理想信念坚贞不渝、矢志不移。他们不为名、不为利，为的就是一个理想，靠的就是一种信仰。

再举一个极端一点的例子：忠犬八公

这是一个发生在日本的真实故事。有一只狗叫八公，它每天按时到地铁站接送男主人上下班，有一天男主人意外去世了，但它依然每天坚持去地铁站等候。一个月过去了，它仍然如此。三年过去了，女主人已改嫁他人，它依然如此。后来很多人为它成立了基金，喂养它。七年过去了，它依然如此，它坚持到了生命的最后一天。后来，人们为了纪念它这种坚守忠义的精神，为它塑了像，立在它守候主人的地方，并命名为"忠犬八公"。一只狗坚守信念，都可以成为榜样，何况人呢？

四、知始终

　　创业中，有梦想、懂因果、坚守信念后，要保证创业目标的成功实现，还要完成对事物发展各阶段的准确判断和把握，即"知始终"。

　　"物有本末，事有终始。知所先后，则近道矣"，中国传统文化历来注重"始终"。在创业成功的四大核心要素中，"知始终"与"有梦想"遥相呼应，如同两个互相吸引的电极，催生出创业路上的璀璨火花。

创业者的"有梦想"使能量开始传递,"因果观"确定创业者能量传递的对象,"守信念"决定了创业者能量传递能走多远,"始终"则是能量和外在要素结合向外传递的路线、顺序和节奏组成的计划步骤。

"始终"在创业中的表现形式主要体现在战略规划。俗话说"七分规划,三分打拼",战略规划是创业者对创业过程的细分和对创业实施及对其他配合要素的选择,也是内部管理和市场行为的基础。

如何判断战略规划是否科学?创业哲学提出了一个重要的衡量标准:**整个创业实施过程中,企业在市场中始终占据主动,处于"甲方"位置。**

评价是否是甲方的标准:

1. 规划中每个节点在实施时,企业是否集中优势兵力打歼灭战。
2. 每个节点,客户是否觉得你付出的多,索取的少,超出客户期望。
3. 每个环节,企业都占据着可以自由选择的主动权。

第二节 四要素的相互关系

"有梦想、懂因果、守信念、知始终"四个要素辩证统一于创业的全过程,在各个阶段互相影响,共同架构起创业能量"生发、传递、持续和循环"的体系。

本节将着重论述创业四大核心要素之间的相互作用,以及创业过程中阶段与全局的辩证关系,帮助创业者建立科学的决策模式。

1. 四大要素辩证统一

创业者不仅要理解创业成功的科学原理及各关键要素,在实际的创业决策中,还要厘清各要素之间的辩证关系。

"有梦想、懂因果、守信念、知始终"是在一个大的能量体系里不断传递和演化、相互依存、共同作用的有机整体,在创业成功中缺一不可。这种传递模式类似于传统文化中的太极原理,"有梦想"和"守信念"奠定思想基础,"懂因果"和"知始终"形成技术基础,互为阴阳,互为支撑。四大要素中,因果观起着极其关键的作用,这也是中国传统文化的精髓,需要创业者深刻领会,懂因果是实现梦想的基础、坚持信念的动力、探寻始终的线索。

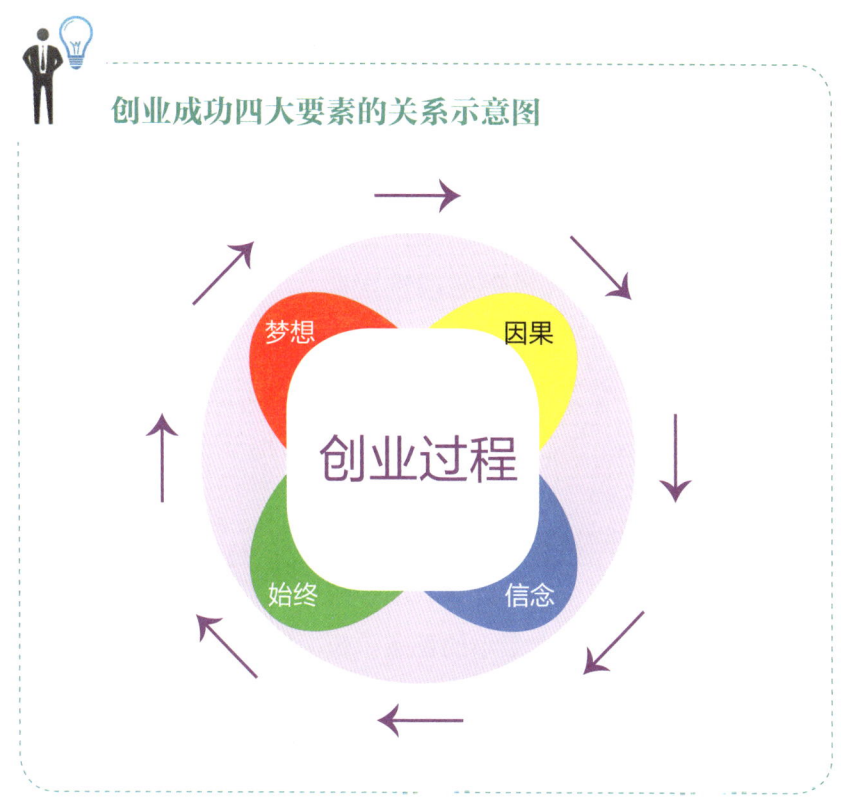

创业成功四大要素的关系示意图

2. 阶段与全局的辩证关系及应用

"不谋全局者不足以谋一域,不谋万世者不足以某一时"。创业者要正确处理每个阶段的问题,首先需要全局观。从梦想肇始,"能量传递"产生的瞬间,到呈现创业结果,期间是一个复杂的能量振动和传递过程,由各个小阶段组成。在每个小阶段里又有本阶段的目标、因果和始终。所以在应用创业关键要素时,要理解阶段和全局的辩证关系,不能死板地进行阶段的切割,进行局部判断决策时,要站在全局的角度统筹兼顾。

全局所涉及的问题是宏观的、长远的、根本性的,具备全局观的创业者能用全面联系的观点、运动发展的眼光看局部问题,发现事物内部矛盾的辩证关系。

3. 全局角度的阶段性把握

在突出全局观的同时,同样要重视阶段性对全局发展的重要作用。下面以能量传递为例,来揭示阶段性把握的重要性。

物理学家普朗克在研究黑体时,发现能量的传输一次至少要传输一个确定的量,而不可以无限地细分下去。能量的传输,也必须有一个最小的基本单位。能量只能以这个单位为基础一份份地发出,而不能出现半个单位或者四分之一单位这种情况。

例如：和剪贴画一样，创业者最终图景的实现，是由一个个小部分组成的。

大家对电脑游戏都不陌生，计算机在自己的内存里构造了一个虚拟的世界。对于游戏中的角色来说，计算机就是宇宙，计算机程序是物理过程。

作为这个虚拟世界的个体，他们会对时空结构作这样的理解：CPU 的频率就是时间的最小单位，内存的存储单元是空间的最小单位。对他们来说，CPU 的每次脉冲就是时间向前走了一步。电脑游戏中各种角色的变化、场景的建立，无一不是由各个微小的脉冲组成的。

《菜根谭》有一句隽言：

"绳锯木断，水滴石穿，学道者须加力索；水到渠成，瓜熟蒂落，得道者一任天机。"

上一句所描述的是人力的运作，下一句所说的却是自然之道的运作。

 延伸阅读：丘吉尔的"大局观"与"细算力"

当年，英国首相丘吉尔应是大局观及细算力两者皆备的领袖典范。第二次世界大战期间，丘吉尔以花甲高龄临危受命，处境险恶，压力巨大，最后力挽狂澜。然而，丘吉尔的思考模式取向仍保持着"大局观"及"细算力"。

他常挂在嘴边的一句话："我们应该经常离开画布，以便纵观全局。"不过，1940年英国处境极为恶劣时，当苏联大使询问他的通盘大计时，他的回应是："我的计划是如何捱过未来六个星期。"

丘吉尔强调的是长远计划与当前急务二者同样重要。

当年英军远征苏丹，丘吉尔所关心的是："这些火车的负载量是多少？需要多少个车头？配备什么备用零件？储存多少煤？储存多少油？如何安排车轨信号？备了多少照明灯？储备多少水？如何运送？车轨多长？需要多少枕木？需要集合多少工人？如何供应他们的食宿？天气如何变化？……"一连串的问题。准确地说，应该是一连串非常精确、精细的数字问题。

到底这些问题具备什么意义呢?为什么作为首相的丘吉尔要问得那么仔细?原来当英军不断推进时,运输是关键。故此,这些看似平常的问题确是关系战争大局的问题。作为首相的丘吉尔亲自过问,仔细盘算,绝不马虎,确保每个细节准确无误。他的细算力度之强,令官兵们肃然起敬。

大战局与细计算,同等重要。

若没有全局观,将不会有明天;若不具备细算力,就是浪费今天。没有明天,今天就没有意义。但如果过不了今天,谈何明天呢?

第六章
创业者应有的决策模式

- 出发之前,先想清楚自己在哪儿?
- 想要借势,先弄清楚凭什么?
- 带领团队,先搞清楚团队想要什么?
- 什么规范,能打造超能团队?

你知道你是谁吗？你知道你在哪儿吗？当你不被认同的时候，知道是你没有真的为对方着想吗？若这些还不清晰，面对市场、企业、团队、客户你怎么决策？又怎样保证决策百分之百正确？

接下来我们讲解测量人与人、人与事之间距离的工具，以及掌握正确决策和准确实施的方法。

本章分三个小节，以三维世界运行的本质规律为主要依据，从量子物理学角度诠释和解决：创业者准确自我定位、理解和测量与目标间的距离、企业在市场中的定位和计划实施、自身在团队中的定位及管理要素等问题，帮助创业者建构实施创业行为的科学思维模式。

本章对"天时、地利、人和"进行了哲学解读；对企业的团队建设、领导者核心素质的提升方法进行了细致分析和归纳总结；针对提升创业团队执行力提出了极具操作性的"三个凡是"的思维原则和"授命、执行、复命"的行为准则；对提升执行力和团队效率提炼出了简单明了的操作方法；对创业企业的组织结构是否科学合理制定了简单准确的判定标准。

第一节 自我定位的科学原理与作用

决策要素全面准确是正确决策的前提，自身定位清晰明确是获得准确决策要素的基础。

本节着重论述三维世界的本质运行规律，结合对中国传统文化"天时、地利、人和"的深入解读，提出创业者实现与外部环境相和谐的方法，帮助创业者进行准确自我定位，顺"势"而为，准确决策。

1. 理解现实世界的运行规律是准确定位的基础

许多创业者知道创业目标在何处，但往往对达成目标的路径不明晰，盲目规划后实施，却发现阻力重重，目标的距离和实际的困难超出预期，导致半途而废甚至改弦易张。

初创期，创业者如果单纯依赖寻找资金或技术等外部支持，会使创业像一场赌博，结果充满不确定性。这是创业者经常犯的错误，这也是如今创业失败率居高不下的重要原因。

造成上述问题的根源是创业者没有进行准确的自我定位。在此情形下，盲目设定目标或规划路径，决策不科学，计划不合理，失败近乎必然。

创业者进行准确的自我定位，首先要对现实世界的运行规律、所在时空的本质有深刻认识，这是三维世界中建立准确定位坐标系的关键。

三维世界是人类可以实证的认知极限维度，即我们日常生活的空间。对于更多维的空间存在的可能性，科学家通过假设和逻辑推理推断它的存在，本书不作延伸。

创业是人在三维世界中的一种运动。有人对三维空间中事物的运动作了一个精妙的比喻：三维世界中的所有事物如同一叶浮萍，沿着一条小溪漂浮，这条小溪就是时间。这条小溪无法回头，只能按照一个方向从过去向将来运动。

但在这个以时间为轴进行直线运动的世界里,所有事物自身却是环形运动模式,从分子、原子到太阳系、银河系,从四季交替到人文事件无一例外:因果循环,周而复始,始终转换。创业行为亦不例外。

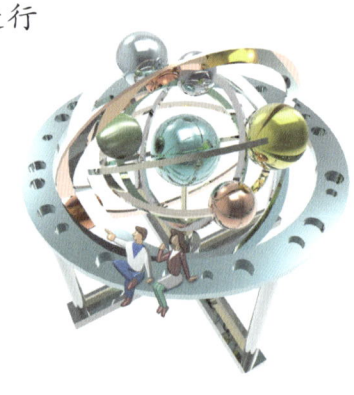

身处三维世界的创业者要理解并遵循事物的运动规律并加以运用:一是准确把握实现目标的路径;二是准确把握能量传递循环往复的过程。这是科学制定创业战略规划的前提。

例如：

用手拿起不远处桌子上水杯的过程，就是一个典型的、完整的确定目标并实施行为，实现目标的过程：首先大脑通过眼睛发现不远处桌子上的水杯，并确定它为目标，然后大脑会测量手和杯子的距离、水杯大小，

并对水杯及内容物、重量等进行预估，只不过观察判断及信息反馈的过程几乎是瞬间完成；接着观察前往的路径，然后通过神经调动骨骼和肌肉，抬腿前往，跨过或绕开障碍物，一直到达桌子前面，这个过程中眼睛是不断进行身体和目标之间的距离测量的，同时不断告知大脑，大脑不断进行腿和手的调动，最终实现拿到杯子。这是一个看似简单，其实是"中央决策，多方协同"的复杂过程，在这里有两个要点及一个很容易被忽略的关键点。两个要点就是：整个过程中，人是通过眼睛不断进行目标距离测量的；另一个实施过程是不断循环往复的，每一步都是一个完整的测量实施过程，实现目标的过程由很多个完整和成功的小循环过程组成。

一个易被忽略的关键点是：眼睛长在人类的头上，所以眼睛的位置和身体的位置是相同的，在整个过程中，没有确定自己在哪儿的环节，是自然以眼睛的位置确定自身的位置。

如果目标是远处的一座山，眼睛则很容易出现误判，往往会看着很近，但实际很远。或者是通过某一种仪器看目标的，比如空中无人机，就无法直接判断和目标之间的距离。在此情形下会通过工具提供的数据，测量和目标之间的关系，来制定计划、实施行动。

创业目标的复杂性远超一座山，创业者必须明晰：

我是谁？
我在哪儿？
是否适合这个目标？
离目标有多远？
到达目标需要怎样的资源和路径？

先进行准确自我定位,才能对目标有准确参照,否则易好高骛远,决策失误。

创业者如何进行准确自我定位呢?

有三个关键点:

(1)对自身个性特征的把握:包括学识、身体特征、喜好、性格、特长等自身要素。

(2)职业定位:包括行业定位和职位定位两部分。适合自己又具朝阳性的行业,同时确定在行业中适合的职位。

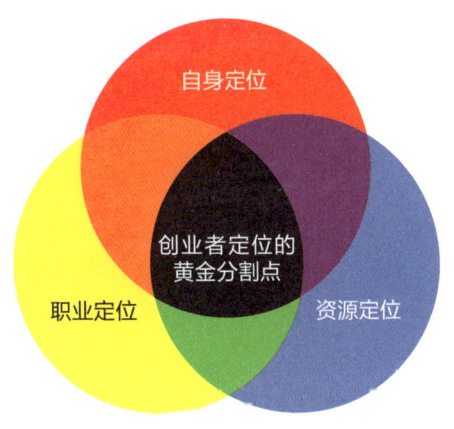

创业者自我定位黄金分割点

(3)资源定位:包括资金、办公物业、厂房设备等硬性资源和人才、智库、信息等软性资源。

确定三个关键点,并进行两两交互的比对,找出最优选择,即形成创业者自我定位的黄金分割点。

因果也遵循环形运动规律，上一个果可以是下一个因，现在的因不可以改变过去，但可以影响未来。以时间轴进行分割，确定每一阶段的"因果"进行决策规划，直至达成目标。

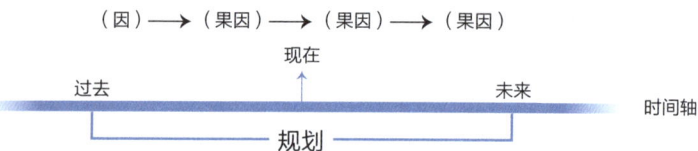

时间不可逆，但"因果"可以被人左右。人不可通过改变现状而改变过去，但可通过对因果规律的把握，改变现在去影响和把握未来。

创业四要素中的"懂因果"和"知始终"，需要具备准确自我定位的能力："我"在何处？目标在何处？如何达成？这是确定目标并完成规划和实施规划的前提。

总结：现实世界运行的本质规律是三维状态中的因果循环环形关系围绕时间轴做直线运动。创业成功的基础是在进行准确自我定位的基础上，对因果的设计和时间的规划。

2. 定位与借势的关系

定位完成后，需要制定战略规划，即达成目标的路径，此过程须综合考虑"天时、地利、人和"等条件，以确保计划实施时顺势甚至借势，避免逆势而为。

《孙子兵法》

"天时、地利、人和"是中国传统文化对某一事件环境条件的经典论述,是"天势、地势、人势"的概括性说法,这三个"势"高度概括了人行为的关键参照点。"故善战者,求之于势,不责于人,故能择人而任势。"

"势"是中性词,三维世界中,"势"是对物体处在某个场中状态的一种描述,是各种影响因素的累积效应。所有物质在其环境中都有各自的势,势存在梯度,梯度带来了势运动的方向,即"趋势"。创业者的能量若顺势而为,经过种种途径后最终回到起点,形成能量循环。

"势"可被利用,"用势"是将势能转化成动能。创业中,天下大势决定创业的总方向,逆势而为肯定阻力重重。地势是所处的商业环境、市场格局等,创业者需取长补短,捕捉差异化带来的能量,因势利导,最终顺应时空(天势)和外部环境(地势)的需求,以共同愿景实现团队凝聚力和战斗力(人和),为实现目标奠定基础。

明白了所处时空的势,就会知道千变万化的外部世界有各种影响因素及其累积效应。创业者知道所处的时空位置,就知道势往何处去,产生的势能也变得具体,即商业模式及推广策略。懂得了势,就能善于整合统筹各种"势能",让创业能量振动波沿着正确的方向,以持续有力的状态引起更多的共振。

 例如：努尔哈赤缘何以区区20万兵马成功入关？

努尔哈赤的成功，很大的优势是起家于东北，虽然大明王朝也对那里有统治，但一直采取的是以夷制夷的方式，分化、利用，相互牵制，实际上统治基础是比较弱的，因为那里在当时来说不是重点，汉族人不是太多，经济不是很发达，基本上属于蛮荒之地，所以大明王朝一直没有对那里进行严格控制，属于放养模式。这给了努尔哈赤极好的发展机会和极大的发展空间，逐步征服周边的小部落，最终统一了东北（地利）。这时大明王朝又正好处于快速堕落的阶段，内有官员腐败，外有老百姓起义，根本没有精力和财力对付后金势力。等到崇祯皇帝继位之后，大势已成，回天无力。就是那时，皇太极也没有打破山海关，而是死在大明军队手上，但机会终于又出现了。李自成推翻了大明，接着跟吴三桂闹翻了（天时），多尔衮利用了这个千载难逢的时机一举进关。否则，按照当时的军事力量对比来看起码多尔衮是没有机会活着进入山海关的。在这些外因基础上，加上他确实非常英明神武，善于利用各种势力（人和），终于实现了大清王朝的成功。

在准确把握时间、空间关系的基础上，还要深刻理解能量的"环形周期规律"：能量的传递，最终会经过各种能量粒子的碰撞之后回馈给能量的发出者，所以，创业哲学反复强调创业者"梦想"（即初心，能量初始点）和价值观的重要性，否则借势就是短暂的。

团队建设中决策的关键

在"天时、地利、人和"三要素中,"天时、地利"都是创业者去认知、适应和把握的条件,只有"人和"需要创业者创造。本节将着重论述如何实现和保持"人和"效应。

一、领导者的核心素质

领导者是实现创业企业"人和"的核心元素。此过程中,领导者正确的关注方向是关键,即在什么情况下关注于人,在什么情况下关注于事。"善人者为君,善谋者为臣。"创业哲学认为:"关注于事,天下皆事;关注于人,天下无事。"

领导者对人和事的思考贯穿企业的整个发展过程,在各个阶段处理各种事务时,关注于人还是关注于事——两者的辩证关系形成了领导者的决策基础。

 **例如:一名员工业务很好但经常迟到,如何处理?**

在这个问题上有一个难点困扰领导者,即团队管理需要纪律严明,但打击了能干的员工,业绩怎么办?

这是公司运营中常见的问题。要明确一点:规章制度是为企业发展服务的,是每个公司必需的,要予以执行,但不可一概而论,初创型企业要更关注于人而非死板的制度。所以对于这种情况很多企业家是这样处理的:

(1)弄清楚员工迟到的根本原因。与员工沟通,是路途遥远、家中有事、交通不便还是其他原因。通过沟通明白其迟到的真实原因,予以帮助和劝导。但会按规定罚款,如果确实情有可原,会私下予以其他方面的补助,这样既维护了制度,又给员工以人文关怀。

(2)一个高效的公司,要让员工普遍能找到自我存在感。通过培训,让员工认同自身的重要性及能为企业贡献的价值,在企业中有集体感,塑造内部统一价值观。

上班迟到！！！

以上内容说明什么？

1. 迟到永远不可耻，完不成当天的工作才是无能。

2. 公司永远理解你，同时员工也要理解公司，并用加倍的热情和态度去回报公司。

3. 公司不会拘泥于小节，但若因小的行为习惯影响到工作或者大局，公司会非常严厉，这样优秀的员工会调节好自己。

一个因为迟到而感到压力甚至被扣奖金的员工，很难投入多大的干劲再去工作。只有让员工开心自如地工作，才能创造最大的收益。

"关注于人"的本质是对员工人文关怀，带给员工的正向能量会不断传递，形成共同的价值观生态体系，这也是打造团队凝聚力和向心力的基础。本质上，这是创业价值观中的"利他"在公司内部以"成人达己"形式存在的体现，也是组织运行机制和组织运行价值观（评价体系）建立的基础。这种内部"成人达己"形式的团队，战斗力会让创业者的能量向用户和市场传递，形成企业的竞争优势。

一种人最具人和力，即"孝顺之人"。他们多可交，且容易成功。因为孝顺的人，从小就养成了关注父母感受的意识和习惯，会自觉自然地体察和照顾他人的感受，更容易被他人接受，在正能量的付出中得到不断的同质能量回馈。

> 创业团队中，从物理角度看，"人"是能量单元，"事"是能量振动频率的外在呈现。关注于"人"，实现的是单元能量的增大；关注于"事"，实现的是对能量振动频率的把握与调整。作为企业领导者，要关注于"大事"，从有格局的、宏观的战略角度去关注于事，同时，要关注于员工个体，以具体的、细致的、体恤的人文关怀对待员工、合作伙伴和用户。所以，我们讲"关注于大事，关注于小人"。

企业发展的不同阶段，领导者关注力的分配有所区别。企业初创期，"关注于人"尤为重要。

例如:《三国演义》中的刘备

从"桃园三结义"到"三顾茅庐",从"长坂坡摔孩子"到"白帝城托孤",在《三国演义》中,几乎所有有关刘备的主要事迹都是他对人的关注,甚至在最危难的关头,仍不放弃保护百姓。正因如此,才会出现谋有诸葛、庞统,勇有关、张、赵的大好局面。才会在所有的危难之时,均有勇者为其担当,使其总是有惊无险,稳步发展,最终建功立业,实现三国鼎立。

刘备的仁德(关注于人)凝聚了团队的力量,但他同样关注天下大势的走向,因此才能和诸葛亮形成同样的决策基础和看法,才能支持诸葛亮完成部署和实施,而并非盲从,这也是他关注大事的结果。

随着创业团队的壮大,需要将"事"逐步深化。如严格纪律来规范能量的振动频率和传递方向,以形成高效的传递模式。

在"人"与"事"的辩证关系中,"人"和"事"交织在一起,比如,只有关注于"事"才能把握准"事",才能更好地用人;只有关注于"人"才能了解人,才能更好地判断目前的事是否适合团队。它们相互交织、交替但不融合,领导者要建立对人和事的格物能力,养成聚焦和变换关注点的意识。

这是优秀创业者正确决策模式的基础。

如何把握决策的正确性呢？本书总结出关键的评价标准:"决策结果既要合情又要合理。"

二、让"人和"持续的技术性方法

"人和"是创业者正确价值观实现的第一个"果",表现形式是能量和谐共振,即团队极具战斗力和凝聚力。要想保持和发展"人和",必须从"同一思想"和"同一行动"两个方面进行结构性规范。创业哲学总结出了团队思维准则和行为准则。

思维准则：

1. 凡事看其本质（格物的方法看清问题）；
2. 凡事先动脑,后动手（遇事先思考规划,再行动）；
3. 凡事多想半步（遇事推导,比别人多想半步）；

例如：买土豆的故事

小张和小王同时受雇于一家企业，拿同样的薪水。可是一段时间以后，小王涨了工资，而小张没涨。小张到老板那儿发牢骚。老板一听，说："稍等，你先到楼下菜市看看有卖土豆的吗？"小张马上就去了，并很快回来说："有卖土豆的。""多少钱一斤？"老板问。小王："哎呀！没问，我马上去"。"等等"老板说，"你稍坐。"老板接着把小王叫了下来，同样，老板让小王看一下菜市有无卖土豆的。

小王过了一会儿从菜市回来了，向老板汇报说："菜市一共有三个卖土豆的，各多少钱，我认为中间的一个性价比最好，回来我看了一下咱们食堂的土豆不多了，应该买点儿了，如果您觉得可以，我就让他送过来。"

此时，老板转向小张："现在你知道为什么小张的薪水比你高了吧。"

行为准则：

1.授命与受命。授命三要素：命令目的、必须实现的要素、完成时间的约定。受命者要进行三要素确认。

2.执行。要和授命者达成计划、沟通、执行，调整计划、沟通、再执行的流程和默契。

3.复命与接受复命。按授命三要素进行复命，接受复命，确认并再次授命。

例如：买复印纸的困惑

老板让一员工去买复印纸。员工买回一包。老板大叫："你怎么买了 B5 的，我要的是 A4 的。"员工马上又去买了一包回来。老板一看，又叫："这怎么够，我至少要三包。"员工说："好，您先用着，我再去买。"到下午了，老板等不及了骂道："怎么还没买好？"员工回："我以为今天用不着，想明天去买呢。"老板会摇头心想，员工执行力太差了！员工心里会说，老板交待任务不清楚，还怨别人。

正确的授命应该是："买 A4 打印纸 3~5 包，你根据价格定一下，便宜就多买，但最少 3 包，下午之前送过来。"受命者正确的答复："好，领导，我看您打标书用，这样我买好一点的吧，3~5 包，下午 2 点前送您办公室。"可以看出，以上授命与受命包含了所有关键要素，并站在对方的角度扩展，所以就会实现双方的超期望。

以上的团队思维和行为准则，可作为对团队的刚性要求布置实施，随着贯彻和渗透，会迅速在团队中将领导者的思维、行为模式复制，实现团队思维和行动的协调性，极大地提升团队效能。

第三节 如何把握和构造创业企业生态圈

企业与项目的和谐性，企业与上下游的和谐性，团队与合作伙伴的和谐性，企业与服务对象的和谐性都属于创业企业的创业生态范畴。

这种和谐性如何把握和评判呢？创业哲学结合对中国传统哲学和现实海量案例的深入研究，总结出了核心标准：

"善"的状态

"善"在这里不是"善良"，指的是评价主体与外部环境和谐共振的模式和状态，这种状态几乎无法用文字和语言表达，甚至只能存在于"悟"的理解范畴，可以勉强给出几个形容词：柔和、包容、接受、吸收能力强、持续、坚韧等，就像水的特性。"上善若水"和"大学之道，在明明德，在亲民，在止于至善"中的"善"都是此意。归根结底，首先要有和各方和谐的意识，不能以自我为中心；其次，逐步运用方法构建和谐的支撑体系，这是达成良性创业生态圈所必需的。

 团队生态建设中对善能的运用

知人善任，是实现组织建设目标的基础。管理者如果能理解并尊重人性差异，掌握深入人性本质的观察和分析方法，就能探索出因人而异的管理之道。

知人的关键除了知其本身的优劣势外，更重要的是要有评判其是否具备适合团队的最重要的素质标准——"善能"。"善能"即前文所述的"善"力的能量指数。

团队里具备善能，能够与整个团队和谐共振的人，被称为"善者"。"善者"明白自身职责所在，清楚其担负的责任和义务，可以按照分工与整个团队合作。有时外在表现不一定"善良"。本质上"善"的人，有时会用"不善"的方式达到团队和谐共振的目的，即"善是本质，不善是手段"。在《大学章句》中，中国哲学家朱熹用了七个字来解释"止于至善"。朱熹认为，"至善"的意思是"事理当然之极也"，"善"是由不善至于善，又至于至善，再止于至善的过程。

在朱熹的这句话中，"事理"可理解为事物运动变化发展的规律，"事理"需要"格物"（参见第一章）来明晰，又用"事理"（用格物总结出的规律）去处理万事万物，"之极也"指的是尊重和运用客观规律做到了极致，接近完美。

 善能的表现形式

如何进行科学的组织体系建设,并使成员和组织具有"善能"呢?除了塑造团队价值观,在招聘环节寻找价值观趋同、有共同目标和愿景的人,建立积极的组织运行规范外,还有很多种方式方法。关于管理模式、团队管理法则、领导力建设等方面的著作很多,大家在了解"关注于人和关注于事"的辩证关系后,可以进行参考和实践。但在这里我们可以给出了一个非常重要的确定团队"善能"的评价标准:

团队是否在一定行为规范下,仍保持着高度的"活性"。

 **例如：海尔人人创客的模式**

海尔一直是一个非常规范、纪律严苛的企业，严苛到员工在企业厂区如何走路都有严格的标准，并成为海尔精神，被推崇传颂。但进入互联网时代，传统的分工理论、科层制管理模式和标准化行为模式受到了挑战。过去遵循在专业化分工前提下从设计、原材料生产、生产商、批发商、分销商、零售商再到消费者的线性命令式价值链被瓦解，随之而来的是员工与消费者一体化，生产商参与供应商交易合作，员工、消费者、供应商共同参与产品设计的互联互通的网状生产方式。原来的管理模式严重制约了面对市场新情况时团队进行高效应对的活性能力。

美国著名企业史学家钱德勒认为，企业组织结构是随着经营战略的变化而变化的，企业的经营战略决定着企业组织结构模式的设计与选择；反过来，企业经营战略的实施过程及效果又受到所采取的组织结构模式的制约。

2012年12月26日，海尔顺应时代发展，提出"人单合一双赢模式"，向互联网时代的"平台型生态组织"转型，即网络化战略阶段，提出"企业无边界、管理无领导、供应链无尺度"的模式，从"企业平台化、员工创客化、用户个性化"切入，从组织和机制两个层面进行了颠覆式探索。组织层面上，海尔从制造产品价值的企业转型为制造创客价值的平台；机制层面上，从管控型组织转型为投资驱动的平台，员工从企业付薪转型为用户付薪。在海尔创业平台上，员工不再是执行者而是创客；各节点都需要并联来直面用户、创造价值；员工由在册转为在线。

为了更好地承接海尔人人创客转型战略，海尔集团于2014年成立了海创汇。海创汇是海尔制造创客的创业服务平台，是一个市场化、专业化、集成化和网络化的创客孵化加速器，依托海尔集团在家电、电子信息、智能互联、节能环保等领域涵盖产业链上下游的综合优势及各类资源，以加快科技成果转化，培育科技型中小企业和企业家为主要目的，重点针对符合国家和地方产业发展方向的领域。五个平台一体化运营，线上和线下、投资和孵化、创新和创业相结合，提供全面的创业扶持和创客服务，构成了海尔的开放创业生态系统。

2014年，海尔集团实现全球营业额2007亿元，同比增长11%；实现利润150亿元，同比增长39%；利润增幅是收入增幅的3倍。其中，线上交易额548亿元，同比增长2391%。

2015年海尔提出的目标是：人人创客，引领引爆。这个转变带来的是：员工从原来的被管理的执行者变成自主能动的创业者；所有人从原来的串联转变为并联面向用户；从原来的企业发工资转变为通过为用户创造价值的"用户付薪"来分享增值。所以海尔的角度看，最终目的是让每一个人成为自己的CEO！整个海尔团队在新的游戏规则管理下，面向不断分化和个性化发展的市场，化整为零，使团队实现了高活性，大大提高了团队面向新市场变化的效能。

* 本文参考了海尔大学校长 孙中元的文章。

再如：西游记团队中的活性管理

唐僧在团队中是能力最弱的人，他无力解决任何问题，包括化缘。但他是领导人，应该怎么办呢？他是这样管理团队的：只规定原则和刚性问题，就是和尚行为规范和团队向西的方向，然后根据加入团队的时间先后和能力，进行了一个基本分工，其他全由徒弟们自行解决，一概不管。所以我们从来没看到过唐僧领着大家研究如何对付任何一个妖精或困难，只听到他说："这该如何？悟空救我！"

所以你会发现，无论遇到什么问题，都是徒弟们自行解决，有充分的自主性和主动性，不会出现等待领导审批作战计划的情况，也没有无能领导乱计划瞎指挥的情况，只是在白骨精的问题上受到蒙蔽，干扰了孙悟空计划的实施，致使损失惨重，其他唐僧就再无参与。这也鲜明地体现了统一思想下的团队活性管理模式。当前的市场情况更适合运用这样的管理模式，即分工明确，成员有很大的自由空间，各司其职，各显其能。

总之，团队管理的成果，是以对规范下的活性释放能力为追求目标的。他使团队在统一思想和价值观的基础上，在部分刚性原则的规范下，向着同一方向，充分发挥团队每个分子能量的释放和传递，激发团队的全部力量，使团队发挥和释放出智力、能力、物力等各方面的最大效能。

4. 成功创业者必备的决策模式

目光长远	见识经历多，习惯事后总结，分析事物间联系与发展趋势，多层面、多角度思考问题，对问题了解全面
深入思考	把握事物内部矛盾，总结深挖事物规律，发现根本，找到釜底抽薪的解决办法
统筹兼顾	懂得主次先后、局部与整体、个别与一般、部分与全局、眼前利益与长远利益之间的辩证关系，不被眼前小格局、小利益、琐碎次要的问题所蒙蔽，牵制手脚
目标感强	清楚自己追求什么，需要付出什么，自己的实际情况怎样，在利益抉择时保持理性和敢于牺牲，抓大放小，行动果断

第七章
创业价值观

> 创业中主要是考虑如何花钱还是如何赚钱?
> 创业很辛苦,那么创业的目的到底是什么?
> 怎样做,才能让我们的企业可持续发展?

创业是艰苦和不快乐的过程吗？创业是为了挣钱，而与市场、社会和人博弈的过程吗？能否爱上创业，和创业轰轰烈烈地谈一场恋爱？能否快乐地工作、幸福地生活？

接下来告诉你，就在转念之间，新的价值观带你找到开心创业的感觉，让你找到从成功做人到创业成功的快捷通道。

经过努力创业实现成果，我们这里暂且称之为"得"。因为创业成功是阶段性成果的积累，是不断实现小目标直至实现总目标的过程。阶段性的"小得"组成阶段性的"大得"。

"得"在物理层面的本质是创业者和团队持续释放能量获得的能量反馈。释放能量为"因"，收获能量为"果"，"因"的正确程度决定"果"的多寡。

确保释放的"因"正确是保持"得而再得""果而再果"的前提。故此，创业者必须明白每个阶段"得"的本质，对不同阶段的"得"有正确判断，对阶段性成功的"因果"关系明晰，这是保证持续释放正确的"因"，进而实现可持续发展的关键。

第一节 赚钱和花钱的辩证关系

本节将论述创业者"得"的形成本质及其作用。

获得货币或物质价值的多少是目前衡量创业成功的重要标准,这取决于投入的规模及投入方向。创业带头人如何花钱,即"怎么投入"的思考和决策贯穿创业全程,目的是获得更高收益。

本质上,这种思考和实施过程是中国传统文化中的"舍得":怎样舍,才能更好地得。

> 创业者常犯的错误是对"得"过于执着,对怎样"舍"却思之甚少,因为按常理来看,"得"很快乐,"舍"很痛苦。其实,这种思路与"得"南辕北辙,"得"无需太多执着,是"舍"自然带来的结果,真正需要仔细斟酌和判断的是"舍"。正确决定"得"前后的"舍",才能实现"得"和再"得"。
>
> 创业哲学确定了"舍"的重要原则:创业者要让自身成为他人"得"的"因",会自然获得他人回报的"果"。
>
> "舍"的过程,在创业中更多体现在钱等资源的付出和方向,本质上取决于创业者的价值观和思维决策模式,是创业能否成功及创业效率高低的关键因素。

从物理角度看：花钱是释放能量，"钱"经过与外界交互，实现能量共振和传递。钱的付出方向直接体现了创业者在不同情况下是关注于人还是关注于事的价值观，不同的方向决定了不同的结果。如果"得"前不舍得"舍"，"得"后更不想"舍"，会成为纯粹的机会主义者或投机主义者，成功易遇阻，更无从奢谈可持续发展。

案例1

华为薪酬激励机制，形成企业高凝聚力。

任正非在华为激励导向和激励原则汇报会上说：

"华为的高速发展，和其'花钱'的理念密切相关，单从其对员工的薪酬激励机制就可见一斑：

落实获取分享制，管理好员工的分配结构，关注到公司的每个角落，让人人都能分享到公司成长的收益。让拉车的人比坐车的人拿得多，拉车的人拉车时比不拉车时拿得多，以"获取分享"的价值分配理念驱动公司长期健康发展。

金字塔不仅拉开顶端差距，还要重视金字塔的基座，把每一个角落的人都要关注到。从事基础性工作的员工应该有社会可比性的收入待遇，如果总是拉高顶端，容易产生内部矛盾。在华为公司不要形成两个对立的群体，所有人都要分享到公司未来收益，我们一定要把这两方面都做好，才能形成新的战斗力，万众一心。"

案例2

A公司的教训

A公司成立之初，为吸引人才，公司创始人承诺：核心团队成员持有数量不等的公司股份，公司盈利后将按照每个员工持有的股权进行分红。经过一段时间的发展，企业出现了盈利，初期，创始人兑现了承诺，每个员工干劲十足，公司业务发展迅速。在公司出现较大盈利时，若按照口头承诺的股权分配红利，将是一笔不小的支出，但不影响公司的运营和发展。此时，公司创始人却反悔了，他自以为：我是公司创始人，你们凭什么拿那么多钱？当初也只是为了聚拢人心而已。于是，公司创始人对员工的承诺从缩水到完全不兑现，使得公司内部怨言四起，最终导致公司骨干大批离职，公司创始人不守承诺的恶名也在圈内传开，整个公司的业务遭受重创，从此一蹶不振。

"得"的本质是能量的反馈聚集，不断释放能量才能保持能量持续聚集，即不断的"舍"。如果满足于阶段性的"得"，停滞不前，"舍不得"，则失去了能量传递和反馈的源泉，利他的可持续物质条件消失，能量回馈自然停止，必然走向失败。所以，持续"舍"是持续"得"的前提。

"得"是遵循创业基本规律和法则，并在创业实践中加以运用而验证的结果。"得"的本质是之前创业者种下的"因"，在综合因素作用下，经过一段时间后的呈现形态。从整个创业历程看，创业过程中的阶段性结果（得）既是"果"又是"因"。因此，创业者处理好"得"，会种下下一阶段发展的"因"。所以创业者树立正确的"得失观"尤为关键。

洋葱

如果把创业项目理解为一个洋葱，各个阶段的"得"就是一层层生长的内核，上一层的生长形态影响着下层的生长方向和速度，最终综合起来决定了整个洋葱的大小和质量。

"得"

在中国传统文化的语义中,"得"属中性词,即"得"可能有利,可能有害。

"得"是只要有行为(因)就必然呈现的结果,它的出现不以人的意志为转移,"得"的区别只是由于"因"的不同。而因果是并生关系,同时存在,互为依存。

就如一粒种子种下后就已决定了果的性质,所需的只是时间(例如,无法种下一粒玉米的种子却希望收获一棵水稻)。此即"菩萨畏因、凡人畏果"。

创业阶段性"得"的优劣,是创业者阶段性决策是否科学合理的重要参考依据,对"得"评估,并以此为下一阶段决策的重要参考依据,客观上完成了下一阶段发展的"改因"。

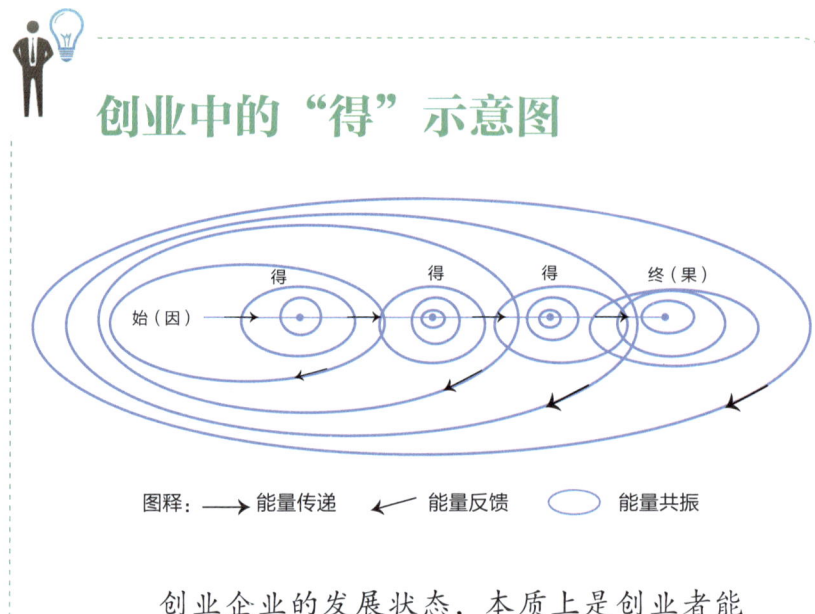

创业中的"得"示意图

创业企业的发展状态，本质上是创业者能量输出，使周围环境和人与其共振而呈现的物理形态。

三维空间中，以时间为序，如果创业最开始的决策是"因"，由此带来下一阶段的"得"本质上是由于"因"形成了更大的能量共振，这种共振既会向更广的范围扩散，又会反馈给"因"，使其强化，并"引发"下一阶段的"得"。创业过程中，各阶段"得"的能量互相反馈，形成的能量共振最终抵达"果"，实现创业目标。

创业中，应使上一阶段的"得"成为下一阶段的"舍"，即释放"善因"，"善因"可以帮助创业者实现更大范围、更高强度的能量共振。

何谓"善因"？在中国传统文化中，"善"是会意字，本义是"像羊一样说话"。羊是中国的吉祥物，像羊一样说话才不会吵架、打架，进而产生合作。如今，"善"的内涵已经扩展到"和谐"、符合客观规律。

"得"的目的是"舍"

总之，创业是符合正确"因果"关系（正确价值观、利己与利他兼顾）的"舍得"过程。会"花钱"（舍），才会带来更大的"赚钱"（得）机会。

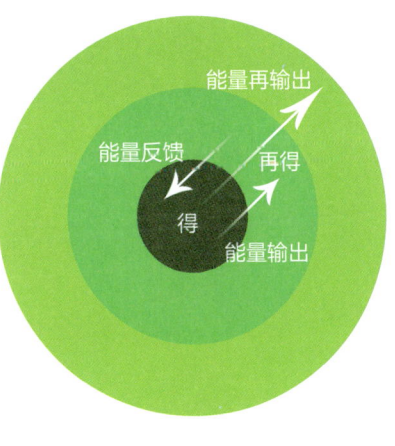

只有端正"得"的目的（是为了更有能力的"舍"，成为"善因"），才能实现持续有力的"得"，不断凝聚能量，获得更大范围和持续不断的能量共振，让创业一直保持不断成功的最佳状态。

第二节 创业的目的

很多当下的创业者，经常会一边拼搏一边迷茫：创业的目的是什么？是为了"得"？"得"是什么？赚钱？买房、买车？那实现后会停止创业吗？几乎所有的创业者在有房、有车后，都没有停止创业，很多大企业家终生创业，也有很多老企业家二次创业。

那么创业的目的到底是什么？

在对各行各业不同年龄、性别的创业者进行深入调研后，我们发现：创业是为了一种良好的生活和工作状态，即

"乐业" —— 一种快乐工作、幸福生活的状态。

"乐业"的物质环境可能随着财富的增加而不断变化，但"乐业"的心态和精神状态都一样。

"乐业"是一种什么状态呢？本书试着给出以下标准：

1. 做着自己喜欢和擅长的工作。
2. 拥有持续稳定和满意的收益。
3. 清晰的发展目标。
4. 和谐愉快的工作关系。
5. 积极向上的精神状态。

为了更形象地理解，举个例子：下面这两个人在世人眼里都实现了成功，但他们的生活状态你更愿意接受哪一种？

例如：

一位身家过千万的富豪，却没有因为财富带来安全感，整天忧心忡忡，对员工极其苛刻，稍有不顺心就大发雷霆，夜不能寐，食不甘味，整天都活在巨大的压力中，甚至因此患上了严重的抑郁症，导致脾气暴躁。由于和妻子交流较少，家庭关系破裂，觉得人生极其灰暗。

另一位创业者，虽然面临很多困难，却有坚定的信念、清晰的规划，虽然艰辛但乐在其中，克服重重困难后，事业逐步上升，人也变得越来越有责任感，充满了对未来的期待和当下的感恩。

可以看出，有些企业家物质丰富，却依然焦灼、不安、吝啬和算计，日常充满了纠结和抱怨，生活极不健康，经常会听到："早知道这样真不如去打工呢！"而且这种状态似乎距离结束还遥遥无期。所以乐业的状态，除了钱还需要很多其他条件。

其实，创业是实现更好生活的手段而非目的，创业大多周期较长，是创业者重要的生活状态。如果由于创业使生活状态越来越糟则偏离了创业的目的。如果创业中为了某些物质上的阶段性得失，付出的是和谐美好的生活，完全得不偿失，与创业本来的初衷和目的就完全相左了。

"乐业"是特别重要的创业观，创业者需要记住创业的目的是为了——乐业！！！

第三节 良性循环的基础与标准

本节的"得"是正向的，如收获财富、人才、快乐等，物质和精神因素都在其中，这也是"乐业"的表现形式之一。如何让这种"得"和"乐业"的状态持续呢？

本书从中国传统文化中寻找到了答案："得而有德，方可再得。"因得而有德，即因"善因"而得，所以充满"善能"，"善能"继续正确释放，自然再得善果，因而持续再得。

怎样做，"得"才能成为"善因"？如何"得而有德"实现持续良性发展？

在老子看来，"德"是一种自然规律，是"道"。老子曰："孔德之容，惟道是从。"意思是：大德的内容，就是遵循"道"而行动。这里的"道"，是事物发展变化的客观规律。"得而有德"，也就是在"得"之后的行为要符合"德"的要求，符合"道"的运作方式，契合事物的规律，才能持续"得"。

创业中"得而有德"的"德"指的是创业阶段性成果与外部整体环境相和谐，符合市场需求和企业发展的长远需要，并兼顾利己与利他。如此，才能成为下一个"得"的"善因"。

创业发展进程的推动，是因为创业者在取得阶段性的"得"后，继续向外释放兼有利他与利己特点的能量，引起更多人和事的能量共振。具象一点，表现为创业企业持续输出优质的产品和服务，得到用户和市场的认可，实现收益。此外，还积极搜集和分析市场反馈，对产品和服务进行改进，加大投入和研发力度，不断提升产品和服务质量。

"得而有德"是创业行为良性可持续的基础

"得"—"德"—"再得"之间呈现出了明晰的因果关系，如果"善能"持续释放，创业企业将呈现出兼容并蓄、海纳百川、客户忠诚、发展迅速、八方相助、决策失误少等极具可持续发展力的状态。

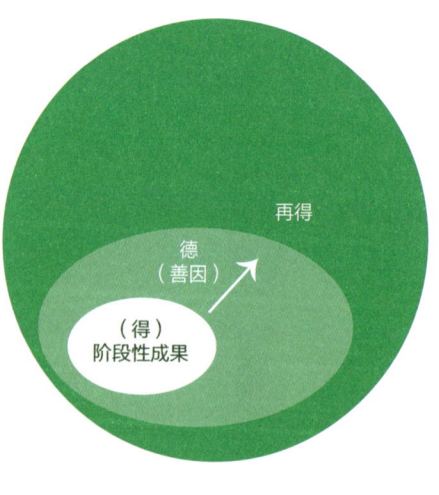

"善能"的形象化解释：
橡皮泥和玻璃在遭受压力时的不同反应

橡皮泥和玻璃，这两种东西在受外力时，都会吸收部分力，也都有反作用力作用。其中，橡皮泥会很好地吸收大量的外力，外形也许会随之改变，但它能保持自身完好，并保持着橡皮泥的本质。玻璃会拒绝吸收大量的外力，试图全部反击回去，后果是自己变得粉碎，玻璃的本质功能也失去了。

创业企业在创业过程中面临各种压力，不断接受市场的检验和锤炼，必须学会并具备这种颇具水性的善能。善能释放的本质是有德（即利他），必然带给企业发展的韧性和不竭动力，创业者本人亦应如此，这是事物发展和人类进化的自然规律。

第八章
企业家人生观

创业是人生境界的一种追求!
怎样才算企业家?企业家需要具备什么样的素质?
创业成功的天道 = 利他价值观 + 定位准确(合天时地利、了解自我、梦想明确)
+ 正确服务对象 + 坚定服务信念 + 把握发展阶段。

从开始创业，我们就是奔着成功并成为企业家去的！但你知道成功是什么样子，企业家的标准是什么吗？如果不知道，岂不是奋斗得很茫然。想象一下你成功的样子，看看下面的描述，对比一下和你想的是否一样？希望你喜欢我们为你呈现的这种企业家标准，因为它让你更容易实现目标！

"得"的问题在于知其然，但未必"知其所以然"，即看到实现的结果，但不一定对形成结果的根本原因有透彻理解。绝大多数创业者止步于"知其然"的层次，在"得"之后出现了迷茫，不知最终该往何处去。

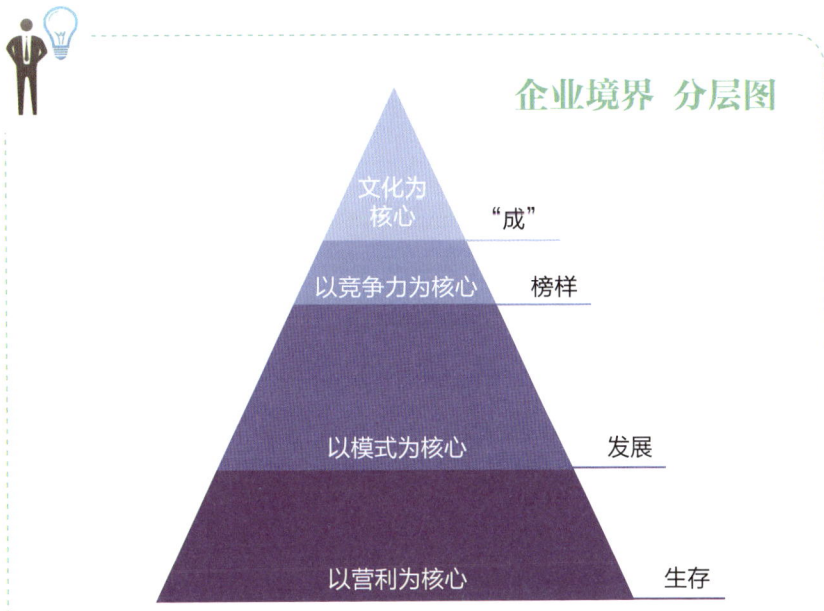

企业境界 分层图

- 文化为核心 —— "成"
- 以竞争力为核心 —— 榜样
- 以模式为核心 —— 发展
- 以营利为核心 —— 生存

任何事物的发展都有其接近终极层次的状态，如马斯洛的需求金字塔理论，人的内在需求是促使人类不断进步的原动力。

我们认为，创业最终"成功"的状态应是：创业者通过创业的历练，洞悉并掌握创业的本质规律，深刻理解利他价值观的根本意义，并结合切身的体验和思考，总结提炼出成熟的创业观和方法论，形成完善的理论体系，以此理论体系为指导，其商业模式可自行复制、实现裂变式发展，创业者由此转变为"布道者"，其价值超越了"小我"的成功，而是对整个社会经济发展乃至社会生态改良有较大贡献。这样的创业者才称得上"企业家"，这种发展境界我们称之为"成"。

> **作为企业家要对"成""知其然，又知其所以然"，还要让别人也"知其所以然"。**

无论国家还是企业，最高层次的输出并非产品，而是价值观和文化。当今世界强国和全球知名企业，无一不在宣传和灌输自己的价值观，即增强文化软实力。具备这种"软实力"的首要基础是组织或个人胸怀使命感、责任感。释迦牟尼不过一介文弱僧人，但其价值观、理论通过布道培养了全球亿万信徒，在人类精神文明史上写下了浓墨重彩的一笔。这种"成"的境界应当成为创业者的奋斗目标和终极梦想，对创业者而言，对这种境界的追求会带来更开阔的眼界、更科学的决策，将极大提高创业成功率。

本章将通过对实现"成"的境界的必要条件进行梳理，总结创业成功的标准路径。

第一节 创业是一种人生境界的追求

当创业者在外界看来已"功成名就"——产品已有较高知名度，企业在行业内处于领军位置，且发展趋势良好，没有太多障碍，此时，也是创业者最易迷茫的时候。研究显示，创业企业最危险的时期是刚刚成功后的几年，有过短暂辉煌后销声匿迹的企业并不鲜见。

那么下一步的发展目标应该是什么呢？

我们认为真正"成"的企业，企业将发展和经营过程中形成的理念、文化进行传播，惠及大众，其形象进一步符号化。企业和创始人身上具有鲜明的时代和文化烙印。此时，企业已经超越了一个经济细胞的意义，变身为强大的能量输出者，在让企业创始人、全体员工、股东、客户、投资人获益的同时，以企业文化输出为表征，企业的能量振动不会随着时间推移而衰减。但当前这种企业极其罕见，绝大多数企业家远未达到这种境界，但我们可以依照标准，来描绘他的样子，从现实的案例中寻找相似者。

  纵观中国近代史,可能达到这种境界的"创业者"只有开国领袖毛泽东,他以波澜壮阔的实践,充分吸收借鉴马列主义精华后,结合当时的社会实际,形成并完善其思想体系,最终建立了新中国,对整个中华民族产生了永远不可磨灭的影响。至今,他的很多思想依然指导着众多企业的实践,比如华为、万达。

  革命与创业不同,但有共通之处。创业更多地蕴含着"创新"的意图,也是一种对传统商业模式或技术的颠覆与革命,最终建立新的商业模式,对社会经济和文化的当下及未来都有深远影响。

第八章 企业家人生观

创业哲学总结了企业"成"的标准：

1. 规模较大，解决了大量社会转型期的经济问题，具有高度的社会责任感，并成为企业文化的核心价值观。

2. 企业品牌所代表的文化价值与社会主流价值观相吻合，是普世价值观的代言者和践行者。

3. 企业领导人极具人格魅力，是社会楷模和道德模范。

4. 企业与员工不仅是简单的劳资关系，员工脱离了打工者的层面，真正从心态和经济关系上成为企业的主人。

5. 用户对企业有高度认同和忠诚度，愿意自发进行口碑传播。

6. 企业的形态和管理、生产方式被模仿和学习借鉴，并产生强大生产力。

微软公司的企业文化

微软公司（Microsoft）从1975年仅有的包括比尔·盖茨先生在内的三个员工，发展到今天的大型跨国公司，比尔·盖茨是一个传说，微软公司更是一个令人难以置信的神话。优秀的企业文化造就卓越的企业，微软公司就是这样一个例子。

微软公司拥有舒适的工作环境，包括自然环境和人文环境。大学校园叫campus，微软研究院也叫campus，这正是微软公司舒适的自然环境的写照。其中包括拥有大量鲜花、草坪的花园式的园区，还有美丽的Bill(比尔)湖，篮球场、足球场更是充满了校园气氛。舒适的自然环境为微软人提供了优雅的工作场所，成为高效工作的有力保障。

很多公司将信息视作一种权力或者私有财产。与此相反，微软公司提倡一种"释放信息"的管理方式，它的目的就是互通有无、信息共享、相互协作，它的最高境界就是一切为了公司的成功和发展。微软已经将"释放信息"的工作方式发挥到极致：不论你是哪个部门或哪个项目小组，不论你是上级还是下级，都尽可能地将自己目前的工作状况、项目思路、计划实施、遇到的问题等信息公布出来。在"释放信息"这种形式的背后，微软公司创造的是一种相互信任、相互协助、高效率的工作氛围，培养了员工们"个人成功服从公司成功""任何人的工作都是为了公司发展"的企业理念。

（作者系创新工场总裁兼首席执行官李开复）

但微软还未完全达到"成"的境界，其优缺点如下：

优点：微软擅长于战略分析、商业模式，能够分析透每个细分产业的发展和商机。另外微软有很强大的分工和当责精神，能够把一个很大的项目拆分成小块，由少数的明星人物领头，带着大团队分批执行。

缺点：

1. 公司思维比较封闭（因为不在硅谷），对业界动荡体会不够深刻，固有的商业模式很难改变（例如Windows收费，当然这点最近有改变），而改变这些公司文化是很难的。

2. 微软的两大business：Windows & Office，不但带来了创新者的窘境（旧business太大，成为包袱，不愿意去做新business），而且都面临着巨大的灾难，每年我们都看到灾难"快了"，但是都没有到来。它还能躲过多久呢？兴起的小的新的business做得不错，但是能足够快地成为新的支柱吗？

3. 微软的产品模式是比较过时的（团队太巨大，工程师和架构师权力太大，产品经理相对弱势，对用户不够敏感，开发周期太长），在迅速互联网时代，能有竞争力吗？

4. 因为很多年轻人不认为其是一线公司，比较难得到顶尖人才。

例如：华为的迷茫与海尔的局限

日前，华为总裁任正非称"目前很迷茫"，至少目前华为还不是以道相交的企业，华为将以利相交、以事相交做到了极致。众所周知，华为员工的收入很高，但是压力、流动性也很大，如果华为的市场因为不可控的因素遭遇挫折，员工收益下降，华为的团队危机就必然会出现。华为的企业文化可以塑造员工的职业素养，却无法打牢员工的道德根基。任正非说华为很迷茫也许就是这一点。但是，这丝毫不影响华为作为世界上最伟大的公司之一的荣耀。

海尔"人单合一、人人创客"的管理思维是典型的以利相交和以事相交的思维。不久前，海尔首席执行官张瑞敏在马云的湖畔大学授课，通篇都在讲西方的管理思维，这是非常局限的。与华为一样，海尔的企业文化可以塑造员工的职业素养，却无法打牢员工的道德根基。只有利益和事业做支撑，"人单合一、人人创客"注定不能走远，也许海尔的困惑和痛苦才刚刚开始。

以利相交，利尽而交疏；以事相交，事颓而人散；以道相交，天长而地久。中国的企业基本上都是以利相交，所以股权激励计划风靡一时，确实也给企业带来了眼前的利益，但是后遗症也是很大的。少部分企业是以事相交，以道相交的企业凤毛麟角。所以无论中国的企业多么辉煌，但是在瞬息万变的互联网时代，随时都有大厦彤塌、团队土崩瓦解的风险。就连华为、海尔这样的伟大企业也不例外。

虽然各有优缺点，但这些卓有成就的企业的领导人都有共同的特点：脱离了"小我"的层面，目标聚焦在员工、社会的需求，"达己"之后把"成人"作为目标。

> **本书认为解决人的意愿有三条路径：** 一条是利益层面（以利相交），一条是事业层面（以事相交），一条是价值观层面（以道相交）。人的行为是受价值观支配的，解决了员工的价值观问题，就从根本上解决了人的行为问题。

> 中国幸福企业研究院院长金向群指出，天上掉馅饼、潜规则大行其道、产品与服务粗制滥造也能发展的时代过去了。以"诚信、敬业、利他、不走捷径"的价值观为基础，铸造"自动自发、专注不二、追求极致、无限创新"的工匠团队是当下中国企业生存与发展的根本。
>
> 一个人或企业能达成的目标，不会超过其梦想的极限阈值，有这种胸怀和梦想者是少数，希望更多的创业者在创业之初就具备高度的社会责任感，并将其作为追求的人生境界。

成为企业家的素质要求

Section Two 第二节

创业者要达到"成"的境界,成为真正意义上的企业家,需要具备以下素质基础。

一、具有符合时代背景的价值观

> 反映一个人真性情的是其选择,选择依靠内心的价值体系,价值体系里的事物具有优先级排序,如何取舍,取决于根本的价值导向。附合时代背景的价值观,是创业者把创业行为放到时代大背景中进行考量,力求与时代背景所要求的价值观一致。

从古至今,英雄豪杰必然是顺应时代大势,抓住了社会的"痛点",并提出系统的解决方案。比如,中国共产党的诞生和发展历程,就是抓住了那个时期最主要的社会矛盾,提出了系统的解决方案并且付诸行动。

之所以要求创业者具备符合时代背景的价值观，是因为时代的价值观代表了"天势"，与其相适应，则能量振动更和谐强劲。创业者将自身纳入时代背景进行思考，以此为准则并付诸行动，自然会实现企业能量的高强度共振与传播。

创业者在具备符合时代要求的价值观的基础上，可对整个国家乃至全球的发展脉络和趋势、国内外政策环境、国际关系、经济运转逻辑等深刻理解。

二、具有格局意识的思维模式

 格局的核心组成要素是"梦想""眼界""信念"

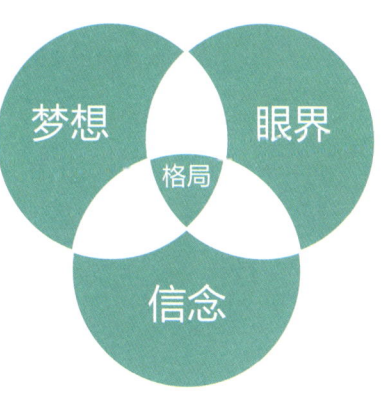

人的格局，与对历史的深度、世界的宽度的看法有关。历史的深度，是指人对事物的判断不局限于短期收益，而是放在更大的时间跨度中进行思考和衡量：现在做的事在整个人生中有什么作用？具有什么意义？世界的宽度，是指突破周围环境的局限，眼界开阔，清楚自己的价值和所做的事情在整个三维世界中的作用。

创业中的格局，是创业者思维模式决定的对待事物的看法及相应的决策倾向。要培养格局，创业者同样需要将自己放在"历史的深度"和"世界的宽度"中进行思考，以开阔心智，增大格局，聚合更多"人、物、势"资源，实现能量共振。

如果创业者只为自己考虑，局限于利己，以此来学习相关知识和技能，停留在"逐利者"的阶段，在"得"之后必然止步不前，茫然甚至走向失败；如果创业者的梦想是改良社会、增进人类福祉，则会对他人有很强的同理心，对人类社会的历史和现状及发展趋势有深刻认识，会认为个人对整个社会负有责任，应努力去改善世界，不断增强影响力，自身的企业应形成创新性的、可复制性的运转体系，并形成文化理念对外输出，影响力不局限于商界，还可能成为社会标杆甚至具有图腾化的意义。具体表现在：提及某家企业，马上会有对其文化理念的具象认知，如谷歌、海尔等。

格局也反映了一个人的眼光、胸襟、胆识等心理要素的内在布局。创业者的格局深刻影响着其成就的极限阈值。例如，如果创业者确定了10米远的目标，其能量振动范围最多扩大在以10米为基础的周边范围内，大多数还达不到。创业者的成就不会超过其格局的大小。

 例如：

1. 三个工人在工地砌墙，有人问他们在干吗？第一个人没好气地说："砌墙，你没看到吗？"第二个人笑笑："我们在盖一幢高楼。"第三个人笑容满面："我们正在建一座新城市。"10年后，第一个人仍在砌墙，第二个人成了工程师，而第三个人是前两个人的老板。这虽然是鸡汤，但是也有其可取的寓意。

2. 有一个乞丐，整天在街上乞讨，对路上衣着光鲜的人毫无感觉，却嫉妒比自己乞讨得多的乞丐，估计此人一直就是个乞丐了。

三、懂得能量传递规律的决策模式

本书强调,能量传递守恒且是环形结构,这符合现代物理科学理论的研究成果,能量一旦发出,则无限传递。这意味着,创业者的决策应当遵循能量传递规律,科学决策,深刻理解和思考当下决策对明天及未来的影响。

当进行能量释放时,很重要的一点是懂得"同频才能共振",即若需要对方共振就要寻找对方可以接受的振动频率,否则将很难实现共振的结果;也即真正站在对方的角度寻找对方的需求点,才能得到对方的认同,实现能量的传递和持续。

"古之所谓豪杰之士者,必有过人之节。人情有所不能忍者,匹夫见辱,拔剑而起,挺身而斗,此不足为勇也。天下有大勇者,卒然临之而不惊,无故加之而不怒。此其所挟持者甚大,而其志甚远也。"此即拥有远大梦想、坚定信念者,不会局限于眼前的干扰,一切以梦想和志向为能量释放依据。能做到此的必胸怀大义,只有大义才能容得下小义。

创业者要提醒自己，正确区分创业的目的和手段，目的即"梦想"，"手段"是达成"梦想"的途径，即能量以何种方式、方向传递出去。不断总结反思，不能固执己见而导致与核心目标背道而驰。知易行难，这也是真正达到"成"之境界的创业者少之又少的原因。

根据前几章的论述
创业哲学研究提出了创业成功的公式：

利他价值观＋定位准确（合天时地利、了解自我、梦想明确）＋正确服务对象＋坚定服务信念＋把握发展阶段＝创业成功的天道。

这个公式是本章的重点，也是本书对创业规律的精炼总结。其实它的核心要素很简单：就是创业过程思维模式的中心"以人为本"，就是所有的决策和行为要"对得起人"。

创业者需要这样的思想和方法论，企业需要这样的方向和榜样，民族需要这样的价值观，国家需要这样的发展理念。

第九章
女性创业价值观

"女子无才便是德"根本不是歧视女性的意思。
在周易中,以坤卦和坎卦表示女性应有的天性。
古代的婚姻模式代表了什么?
女性创业者如何让家庭幸福和事业成功实现双赢?

> 你是女的？抱歉！男女有别。生理上我们喜欢这样的差别，但创业时我们希望男女平等。很遗憾，创业，男女同样有别。
>
> 好在女性创业，以上部分也都适用，但须一念微调……

女性创业者是具有自身显著特点的重要创业群体，单独列一章对女性创业者的创业观进行系统分析具有重要意义。

如何平衡家庭与事业的关系是社会各界高度关注的女性创业者话题，一个值得注意的现象是很多女性企业家"赢了事业，失了家庭"，甚至在创业的过程中就把家庭丢了，这似乎已成为萦绕在女性创业者头上的魔咒。

造成这些现象的根本原因是什么？怎样破解这些难题？女性创业者如何做到事业与家庭兼顾？女性创业者究竟应如何进行自我定位？本章将吸取中国传统文化精华，去其糟粕，以女性的社会属性、家庭属性和企业属性为基础，探寻女性企业家和创业者家庭事业的运营规律及操作方法。

第一节 从"女子无才便是德"说起

伴随着女性创业者越来越多，同时出现了一个让人担忧的现象：许多女性创业者家庭不幸福。对女性创业者而言，事业和家庭一定是二选一的选择题吗？本节内容结合中国传统文化，分析女性创业者的正确定位，帮助其建立正确的家庭观、事业观。

关于女性，流传甚广也误解最深的一句话莫过于"女子无才便是德"。提到这句话，许多人肯定会嗤之以鼻：这都什么年代了，还如此迂腐。许多女性创业者以对这句话的激烈批判和反抗来表明"男女平等"，但家庭和事业却出现了很多问题。按照第一章"传承中的递减规律"来分析，会发现根本原因是这句话被后人完全曲解了。

"女子无才便是德"出自清朝张岱的《公祭祁夫人文》："眉公曰：'丈夫有德便（辩）是才，女子无才便（辩）是德。'此语殊为未确。"直译的意思是：男子与人争辩的时候要能够显露出道德修养，女子不与人争辩是有道德修养的缘故。真正含义是女子有才能，但不在丈夫面前显露，而表现得谦卑、柔顺，这是女子的"德行"所在，丈夫因为妻子尊重自己而体现男子情怀，互相扶持。

《隋唐演义》第七十六回亦有言："男子有德便是才，女子无才便是德，盖以男子之有德者，或兼有才，而女子之有才者，未必有德也……故有才之女，而能不自炫其才，是即德也。"意思是即使女子本身有才华，但懂得克制收敛，被称为"德"。"才德"二字是这句话的核心，来看一下中国传统文化中对"才"和"德"字的本质理解。

《说文解字》对"才""德"的解释及现代释义

本字	解字	现代释义
才	草木之初也。 从丨，上贯一，将生枝叶。 一，地也。凡才之属皆从才	颇具两面性的能力
德	德：升也。从彳悳声。 彳：小步也。象人胫三属相连也。凡彳之属皆从彳。 悳：外得于人，内得于己也。 从直从心也	"自身的涵养""应尽的义务和本分"、性别属性带来的本质规律

> 司马光在《资治通鉴》中说:"夫才与德异,而世俗莫之能辨……才者,德之资也;德者,才之帅也……是故才德全尽谓之圣人,才德兼亡谓之愚人;德胜才谓之君子,才胜德谓之小人。凡取人之术,苟不得圣人、君子而与之,与其得小人,不若得愚人。何则?君子挟才以为善,小人挟才以为恶。挟才以为善者,善无不至矣;挟才以为恶者,恶亦无不至矣。愚者虽欲为不善,智不能周,力不能胜,譬如乳狗搏人,人得而制之。小人智足以遂其奸,勇足以决其暴,是虎而翼者也,其为害岂不多哉。"核心意思是才以德为本。

可见,**"女子无才便是德"并不是讲打压女子的才华,说女性没有才干就是贤良淑德的意思。**女性从来不是男性的附属品,自古至今有许多才女名垂青史,以前的大户人家都愿意娶知书达理的女性。这句话的意思是说女性的想法如果僭越了准确的性别定位,会导致很多不幸。所谓"德"指的是女性顺应客观规律(是对男女分工社会组织形式的准确概括),进行符合女性角色的社会分工和角色定位。

时代变迁,但女性的天然属性依然不可违背。这并非说女性不需要事业心和创业,而是女性创业者首先明确自己在家庭中的定位后再去创业。对家庭而言,女性承担着培育两代人的责任,远大于创业的价值,应当以家庭利益为最根本的决策出发点。创业的目的之一是提升生活品质,为了创业而把家庭和生活搞得一团糟是舍本逐末,得不偿失。

对"才德"二字应深刻理解，如果女性有才而恃才傲物，唯我独尊，丈夫打倒，孩子不管，整个家庭的生活状态会很差。女性不因有才而失位，一直保持女性的本质属性和定位是大智慧。

准确地说，每位男性都希望女子有才，但不希望女子因有才而失去对定位的判断，特别是无才而自认为有才的女子，更无法与男性和谐相处。其实，女子真正的有才，是首先知道自己是谁，该做什么、不该做什么，为什么做，怎么做才是"善"。

所以，"女子无才便是德"的第一层含义是女子有才但不轻易显露，尤其是在丈夫面前，此谓"妇德"，谦卑之德；第二层含义是女子像水，天性温柔，又像大地，朴实无华生养万物，平凡地相夫教子，看似没有"才干"，其实这才是最大的才干——育人。培养优秀的人，这是女性的天道。

第二节 传统哲学中性别的自然属性

在中国传统哲学中，根据性别的生理、心理差异，抽象出了男女不同的内在属性，男属阳性，像天一样，形象代表物为"火"，其寓意：广阔、力量、阳刚、担当、开天辟地；女属阴性，像地一样，形象代表物为"水"，其寓意：包容、承载、谦卑、柔顺、生养万物。

在《易经》中也有准确论述。男属乾卦"☰",卦象为三道直杠,直杠为阳,上中下爻皆为阳,寓意:强大、坚韧、有原则;女属坤卦"☷",卦象为三道断杠,断杠为阴,上中下爻皆为阴,寓意:包容、接受、能承载。这是男、女的自然属性和本质特性,是天道规律。

因此有"天行健,君子以自强不息;地势坤,君子以厚德载物"之喻。

《易经》中还对男女的行为特性也进行了形象表达。男为离卦"☲",上下爻为阳,中爻为阴,寓意:男性要像火一样,朝气蓬勃,欣欣向上,充满力量。特别重要的表现是外刚内柔,就像火苗外面比里面的温度要高得多。女为坎卦"☵",上下爻为阴,中爻为阳,寓意:女性要像水一样,温柔,舒缓,滋养包容,润泽万物。同样特别重要的表现是外柔内刚,就像水一样,随空间可以任意变形,但又可以滴水穿石,当受到挤压时,又表现出强大的抗压力量。

把女性比作水是因为水有很重要的特性：可以根据环境的变化而发生性质的巨变。液态水加热超过100摄氏度时成为汽态，性质随之改变，变得轻盈无比；当受冷到0摄氏度以下时，变成了坚硬的"冰"，并随温度进一步降低，变得极其牢固；最关键的是，当温度变化到0摄氏度以上、100摄氏度以下时，又恢复为原状——"水"的液体状态。对环境的高适应力，对本质的坚守能力，让水具有无法比拟的生存力。人可以很长时间没有火，但不能没有水，水是人类生存最重要的东西。

自古就用水来形容女性，如《红楼梦》中称"女人是水做的"，更美好的女性被称为"弱水"，更具"水"的特性。同时，也用水来形容人和事的最佳状态，如"上善若水"。此外，水还有吸纳、洗涤的能力，也正因为有水，身体得以新陈代谢，颐养生息。而"火"则不然，只有一种形态，不是"生"就是"灭"，但是只要是"生"，就一直保持着高热的状态，不燃烧，就熄灭，极具两极特性。"火"与"水"是男女的自然属性和法则，是男女相处和生存之道，自古为之，无法也不能改变。

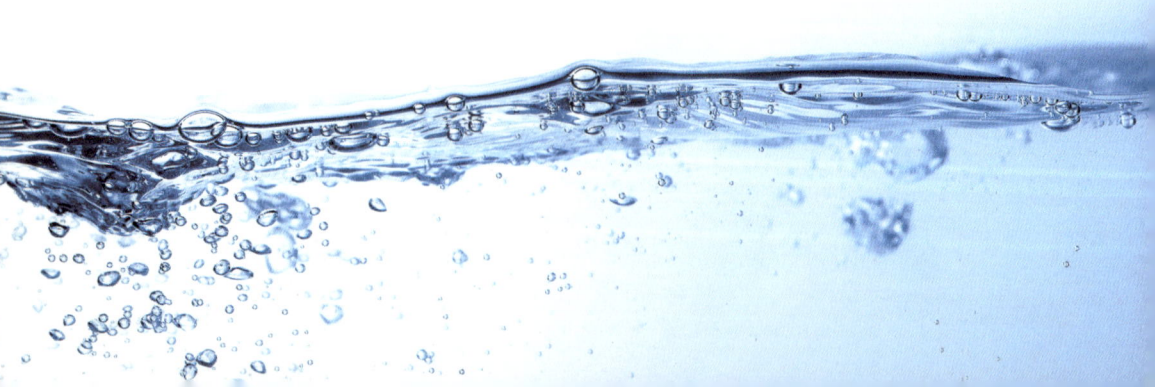

八卦图表达的男女属性

在性别差异的基础上,性别定位是人类社会化活动中最成功的一种。性别的定义从生物学上看叫sex,指的是男女在性征上的差异;从社会学上叫gender(文化、社会中的性别概念),指的是社会对于性别的认知。有必要申明一个重要事实:性别除了生物学意义上的含义之外,还是一种逐步社会化的产物,这种社会化的定义并没有改变生物学上的特点,而是符合社会秩序和社会生产与再生产的劳动分工的规律。这种社会意义上的性别区分是为了社会文化的建构而存在和运作的,通过社会化的性别定位对生物性别的差异加以固化,是为了社会生产与再生产的持续而稳定的分工得以实现。

一句话概括:男女之别不仅是性别之分,更是社会关系总和及社会生产力发展的必然要求。太极分阴阳,现实社会的运作同样需要阴阳和谐,才能实现能量的顺畅高效运作。

女性的社会属性、家庭属性和企业属性

Section Three 第三节

在女性自然属性的基础上，本节将探讨女性在社会、家庭和企业中的属性。

1. 女性对子女天然的教育角色，使其社会属性的重点是对社会价值观的正确传承。

本书支持女性在精神和经济上独立自主，但更关注女性特别是创业女性家庭与事业关系的平衡。论述传统文化中女性的社会属性，并非用封建礼数来约束女性行为，而是要通过对女性社会属性的分析，解释女性性别定位的本质，让女性创业者的思维和行为更符合客观规律，获得事业成功和家庭幸福。

生育和培养下一代的天赋属性是讨论女性在各种情况下的定位和性征的基础，因为这是最重要的、男性不可替代的任务，也是人类繁衍生息、文明薪火相传的根基。历史实践中，女性只有符合此属性对行为规范和标准的要求，才具备优秀品质，有培养出贤德的下一代的基础，否则将造成社会普世价值观混乱，社会无序。这种要求并非简单的男女之间性别特征的差异，而是立足于社会健康有序发展的基础，也是人类生存发展所必然要求的规律。

实践证明，母亲在孩子成长教育的过程中的作用远超父亲，起着关键性作用。

例如：孟子、孔子、岳飞等，这些优秀的人甚至从小就没有父亲的陪伴，由母亲独立培养。

孟母三迁

孟子，名柯，战国时期鲁国人（现在的山东省境内）。三岁时父亲去世，由母亲一手抚养长大，对孟子的教育由其母亲一人执掌。

孟子小时候很贪玩，模仿性很强。他家原来住在坟地附近，他常常玩筑坟墓或学别人哭拜的游戏。母亲认为这样不好，就把家搬到集市附近，孟子又模仿别人做生意和杀猪的游戏。孟母认为这个环境也不好，就把家搬到学堂旁边。孟子就跟着学生们学习礼节和知识。孟母认为这才是孩子应该学习的，心里很高兴，就不再搬家了。这就是历史上著名的"孟母三迁"的故事。

对于孟子的教育，孟母更是重视。除了送他上学外，还督促他学习。有一天，孟子从老师子思那里逃学回家，孟母正在织布，看见孟子逃学，非常生气，拿起一把剪刀，就把织布机上的布匹割断了。孟子看了很惶恐，跪在地上请问原因。孟母责备他说：

"你读书就像我织布一样。织布要一线一线地连成一寸,再连成一尺,再连成一丈、一匹,织完后才是有用的东西。学问也是必须靠日积月累,不分昼夜勤求而来的。你如果偷懒,不好好读书,半途而废,就像这段被割断的布匹一样变成了没有用的东西。"

孟子听了母亲的教诲,深感惭愧。从此以后专心读书、发愤用功、身体力行,实践圣人的教诲,终于成为一代大儒,被后人称为"亚圣"。

由此可见,女性在家庭中的作用直接影响着家族发展的质量,间接但根本地影响着社会是否良性发展。这个问题要站在更高的社会层面才能更清楚地把握和准确判断。

目前,有些男女属性混乱的现象出现,如同性恋、人妖、伪娘、女汉子等,这是在某些时代背景下的性别畸变情况,完全不符合传统哲学的价值观和事物的本质规律。虽然存在即合理,但这只是历史的个例,不代表社会事物各就其位、正常发展的要求,不符合自然法则。这些现象的泛滥导致部分人的价值观扭曲,行为畸形,危害很大。

例如：女权主义者的谎言

最初，女权主义和性解放一起，向女性抛出了一系列激动人心的承诺。这些承诺听起来很好，致使很多女性抛弃了自己的男人、孩子和家庭，去追求职业发展。这种强调自我满足和个人主义的追求，旨在改善女性的生活质量、选择余地和与男性的关系。然而，几十年过去了，女性不得不面对这样的事实：女权主义和性解放在多种方面，做出了无法实现的承诺。

谎言之一：女性可以拥有一切

认为女性是优等性别，拥有无穷体力和感情力量，可以在职业、友谊和志愿服务之间游刃有余。女权主义者认为女性不仅能做男人擅长的事，而且必须要做男人擅长的事。因为男人不能做女性擅长的事（生孩子），这就导致了女性的双重负担。女性不仅要照看孩子和料理家务，还得参与到工作潮流中，为家庭的财务添砖加瓦。

点评：在中西方文化中，有一点是一致的：女性的使命主要是负责处理人际关系，这与女性重视关系、对他人天生敏感、重视人超过重视物是一致的，但从未拒绝女性就业。事实上，正是她对丈夫、孩子、家庭和社区的悉心照料，赢得了应得的荣誉。

谎言之二：魅力来自成就

这个谎言认为，女人成就越高，就越具有魅力。成就感是男性魅力的一部分。女权主义者将其灌输给了女人。女权主义者认为有所成就，在世界上留下某种烙印，是衡量你是否成功、赢得他人尊敬的标志。持有这种观点的女性，会与男性展开竞争。

点评： 这种心态对职业和生意上的竞争并无大碍，但对于两性关系则是毁灭性的。男人的确尊敬和羡慕成功女性，但个人关系是基于不同标准运行的。男人更欣赏女性独特的性别特质：爱、敏感性和与人相处的能力。女性们惊讶地发现，她们辛苦换来的成就，并未赢得男人的倾心。女权主义者并未警告女人，她们可能面临人际关系上的双重标准：个人成就对职业有利，却对人际关系有害。

女人的价值并不体现在改变历史的领导力和决策上，而是去爱、去支撑我们周围的人来改变世界。每过一段时期，会有一个女人在自己国家或世界范围内留下重要印迹：如撒切尔夫人和英迪拉·甘地等。然而这些女人是例外，不是主流。我们也不必因自己不是其中一员而深感不安。

谎言之三：个人"未发挥的潜能"

这个谎言说，我们所有的人，尤其是女人，拥有巨大的潜能，必须加以挖掘。根据女权主义者的思想，做普通人是不可忍受的，必须做杰出的人。在这种论调下，女人被欺骗，自以为是精英之一，是特殊的人。

点评：尽管事实上多数女人是普通人，是众多平民百姓中的一员。所有人均被赋予独特天赋，然只有少数女性拥有显赫的领导之职。女权主义者将这种少数女性当作真正有价值的女性。我们因为按照与现实不符的信条行事，因而遇到障碍！随之而来的，是很多女性依照对自己不实的期望行事。如果期望中的目标未曾实现，女人们就会大失所望。在自己的世界中做个小齿轮，是不够的。很多女人逼迫自己做出成就。不是通过完成自己力所能及的事，而是自怨自艾。做好自己或自己擅长的事，没有成为最好的，这是她们不能接受的。

谎言之四：女人味就是软弱

作为消灭性别差距的一部分，女权主义者反对任何与性别相关的特征。任何具有女人味的东西——温顺、甜蜜、友好、善于交际都被当作愚蠢和软弱的表现。只有男性化特点被认为是好的，包括坚强、攻击性和竞争性。

点评：当女性逐渐具有男性的特征时，就产生了既非女人味也非男人味的扭曲性格。这样的女人的形象不是活泼的，而是烦人的。大家在男人身上普遍预期和接受的攻击性，在女性身上就成为不受欢迎的鲁莽。一旦女人试图变得强悍，大家就会感到不快。不幸的是，的确有一些顽固的"标准女人"原型需要被推翻。很多男人受到来自强悍女性的威胁，也以蔑视进行回击。

Toni Gran 在《生为女性》一书中指出：并非只有传统男人味的性格才受追捧。这里存在一个双重标准的问题。因为男人味和女人味是不同的东西，不能互相置换。女人味是另外一种形式的力量。这是一种不同的、颇具魅力的力量，让女人能通过与男人截然不同的方式影响世界。上帝创造女人，是为了与男人互补，而不是竞争，也不是作为男人的升级版本。女人味并不是软弱，而是一种光辉、灿烂的人性展示。

2. 女性在家庭中对老人、丈夫和孩子不可替代的扶助作用，使其关键的家庭属性是坚定的承载。

家庭是中国传统伦理的基础。古人家族式的劳动和生活方式是维系亲情的强韧纽带，"老吾老以及人之老，幼吾幼以及人之幼"这种推己及人的伦理是保持人与社会和谐的重要因素。所以，"人情味"一直是中国人处事的鲜明风格。特别是在家庭关系中，大多"礼"大于"法"，以亲情伦理为行为的出发点。这种方式至今仍深刻影响着中国社会的运转。

而现在，男女双方各自独立，各自为政，摩擦和争吵是经常的，幸福指数很低。这就像一个企业党委书记和厂长都说了算，必然矛盾不断，企业很难发展好。所以当我们碰上夫妻创业者时，第一句话就问"你们俩谁听谁的"，若听到的回答是"谁对听谁的"，我们就劝他们不要创业或分开创业，因为两个运动员没有裁判员，怎么确定谁对谁错呢？肯定会争吵，创业很难成功且影响家庭和谐。

所以女性的家庭属性很清晰：以家庭为重。这并不意味着女性就不发展事业了，只是说明女性健康的家庭价值观，知道以什么为重。如今，女性当然也需要工作，也可以创业，但思维和决策基础必须明确，否则就是舍本逐末。

例如：中华全国妇女联合会书记处书记崔郁说：

"我觉得女性应该有经营家庭的能力。我觉得家庭是体现女性包容和责任的重要窗口，传统观念认为女强人不顾家。只要是事业好了就认为是女强人，也有女企业家认为这样就是女强人，她是反对的，因为我什么都可以顾到，在我周围有很多女部长，她们实际上非常包容，虽然在事业上非常忙，在社会上巾帼不让须眉，但是在家里面也是温柔、善良、智慧的女人，我觉得这才是成功的女性，家里也都听她的。最后作为论坛的主席，女性做好自己不难，但如何提升女性的影响力，需要我们女性的共同努力，并贡献出自己的智慧。"

3. 女性创业和男性没有根本区别，所以女创业者其企业属性也是主持和率领。

女性创业者的职位属性和男性创业者的没有本质不同，可能由于体能等先天性原因，女性创业者要付出更大的努力和辛劳才能获得成功。女性要担当企业老板的所有责任，没有任何其他方法和捷径，并且不能抹杀女性的本色。否则，就变成了非男非女的人，让家庭和社会对其定位发生混乱和偏差。

举几个正向的例子：撒切尔夫人、莱斯等，她们保持着女性的本色，是"铁娘子"，但不是"女汉子"。

例如：铁娘子的柔情一面

"铁娘子"和出色的家庭主妇是同一个人，都是撒切尔夫人。

1979年5月，撒切尔夫人——一个杂货店老板的女儿，当选了英国历史上第一位女首相，并且连任两届，执政时间长达11年之久。你也许不相信，这样一位叱咤风云的政坛领袖，居然同时是一位出色的家庭主妇。

每天早晨6点钟，撒切尔夫人会准时为丈夫丹尼斯准备一杯滚烫的咖啡和一份可口的早点。某天，她在一场重要会议散场时看了一下手表，然后顺口说道："哦，时间还来得及，我要赶到街口的食品店为丹尼斯买些他喜欢吃的熏肉。"这句自言自语的话几乎令所有听到的人都大跌眼镜，谁都不敢相信，刚刚还雷厉风行、无比刚毅的撒切尔夫人，竟然在一瞬间变成了温柔体贴的好妻子！

那么，这位举世闻名的"铁娘子"何以会有这份柔情呢？关于这一点，撒切尔夫人曾经坦言："家庭生活是否幸福，会对一个人产生巨大影响。"也许正是因为明白这一点，她才做到了与丈夫长期友好相处，共同创造幸福生活吧。

第九章 女性创业价值观

的确,现实生活中,撒切尔夫人非常关心丈夫,并且相当支持他的事业。同样,丹尼斯也在方方面面给予了撒切尔夫人充分的关心和支持。他们夫妇二人有着共同的政治观点,兴趣爱好也大致相仿,比如都喜欢看书、结伴旅行、听音乐等。最值得一提的是,做家务时,撒切尔夫人会不厌其烦地告诉丈夫应该怎样去做,并且自己也包上头巾、系上围裙,和他一起做。

由于以上种种原因,这对夫妇的家里总是充满温馨和幸福。正如撒切尔夫人所说,这种幸福给她带来了"巨大影响"——她可以永远不被家庭烦恼所打扰,永远把充沛的精力放在事业上。

总之,作为女性,从"大"的方面,明确自己的社会价值和社会角色,从"中"的方面明确自己的企业价值和企业角色,从"小"的方面明确自己的家庭价值和家庭角色。只有完成这三个方面的准确理解和定位,才能保证各项决策正确。

女性的家庭、事业运营规律和标准

第四节 Section Four

理解了女性的自然、社会、家庭和企业属性，懂得了女性在创业和家庭生活中应了解和运用的规律，那么要实现的目标是什么呢？本书认为一个"合"字最能体现其目标和价值。它是社会和谐、家庭合美、企业稳定的终极诉求，也是女性创业者重要的创业价值观。

为了达成"合"的状态，创业哲学总结了女性创业者的行为操作标准：

1. 行事之道主要把握一个"柔"字。
2. 处事之道主要把握一个"容"字。
3. 应事之道主要把握一个"韧"字。
4. 持家之道主要把握一个"亲"字。
5. 修身之道主要把握一个"静"字。

这是女性最大的善能体现，也是成就"合"字的重要条件。

其实，在创业中形成的与家庭生活之间的矛盾无非就是时间矛盾、心情矛盾和交际矛盾等，只要把握好创业价值观，着重点明晰，轻企而重家，最大的事业是家庭和下一代的成长，一切矛盾自然迎刃而解。

> 所以，女性创业者首先要解决的并不是创业的问题，而是弄明白创业的根本出发点和自身的社会属性。如果一个女性创业者认为要创造价值必须以牺牲家庭为代价，那这种"因"带来的"果"必然不会长久，也就失去了创业利他与利己兼顾的基础，整个创业的能量循环出现断裂，无法形成有序的可持续的运转。同样也使其体现的社会属性出现较大偏差，甚至形成错误的榜样导向，造成更大的危害。所以女性在创业过程中，一定要明晰自身的社会属性，一个失去了家庭幸福的女性企业家不是成功的创业者。

 **案例：新光控股集团董事长周晓光夫妇访谈**
　　　　——破坏了家庭的话，倒不如不去做事业。

夫：

问：在公司里您是怎么称呼周晓光女士的？

答：我们在上班的时候一般叫她董事长，在家里的话一般叫名字。

问：听说周晓光敢威胁您，如果不好好学习的话就要被淘汰？

答：这一点是真的。我们公司从1997年、1998年开始，那时候她有很多机会，经常出去学习，而我那时候是公司的总经理，大小事务都要管，根本就没有时间出去学习。那个时候周晓光就说，如果这样子下去的话，我们两个人的距离会越来越远。她是想用这种方式给我一点压力。

问：如何评价周晓光？

答：太太最大的优点是：大胆、诚实、善良、乐于助人。最大的缺点是：比较霸气，先要我谦让。

妻：

问：事业发展了，如何保持家庭和谐？怎么看待家庭与事业的关系？

周晓光：事业发展了，保持家庭的恩爱最重要的一点是两个人的价值观。我们这几年过来，最重要的一点是我们共同学习，这是我们最大的诀窍。只有这样，我们这个家才会越来越进步，大家会越来越有共同语言，也越来越理解对方在做的所有工作。我们经常这样想，事业做到今天这个份上，假如为了一些小小的矛盾而破坏了家庭的话，倒不如不去做事业。所以我坚信，要把事业做好，首先要把自己的家庭关系处理好。我们两个人也经常讲，其实生活是我们一辈子的，事业只是我们生命中的一个阶段，我觉得我们更注重生活。

人物介绍：周晓光，女，1962年11月出生于浙江诸暨，高级经济师，1978年涉足商海，1995年创办新光饰品公司，现任浙江新光控股集团有限公司董事长。经过多年创业，新光已发展成为在全国以及全球同行业内有一定影响的大型民营企业集团。周晓光本人也因其优秀的经营业绩、倾力社会公益事业，以及当选全国人大代表并创造性履行职能的卓越表现，成为全国知名的企业家、杰出女性、浙商群体的代表人物之一。

看到这里，肯定有些女性读者仍然认为这些有宣传嫁鸡随鸡、嫁狗随狗的封建残余思想之嫌，并且带有大男子主义倾向。其实，创业哲学完全反对这些陈规陋习，本章所有的论点有一个极其重要的前提，就是开始的选择。

> "要学会选择，而不是被诱惑"，选择对的基础是要会选。社会环境无法选，但行业企业要选对，否则女也怕选错行。更重要的是爱人要选对，要清晰地知道适合自己的是什么样的男性（当然这是爱情和婚姻哲学的内容了，在此不赘述）。否则鸡鸭同笼，价值观、思维模式、决策模式完全不同，则基本无法调和，因为狗是无法理解羊对草的热爱的。所以，选对是基础，运营对是把握，美好状态是争取。

创业企业发展诊断表

1. 寻道：我是谁？要去哪？（我要什么？梦想是什么？）

思考：我的人生观和价值观是什么？

我坚定服务的对象是谁？（因果）

目前的环境适合实施什么？（天时、地利）

认清我和世界的关系，价值体现方向。

参看毛泽东选集第一卷《中国社会各阶级的分析》一九二六年。

2. 悟道：怎么去？

思考：我真的熟悉他的情况，并熟悉其需求规律吗？

我的产品或服务确实是服务对象需要的吗？

能否更便捷、更完善地面对服务对象？

认清我和目标的关系，我的努力方向和方法。

参看毛泽东选集《中国红色政权为什么能够存在？》一九二八年；《星星之火可以燎原》一九三〇年。

3. 道：我是谁？我在哪儿？我能做什么？世界因此会有什么改变？

> 思考：我在实现目标中的定位准确吗？针对目标群有什么优势？我的团队怎样？我熟悉团队吗？团队是否充分理解和支持这个目标和方法？团队能为服务对象持续地做什么？储备的资源足够实现目标吗？
>
> <u>认清我、团队和目标的距离。</u>

参看毛泽东选集《中国革命战争的战略问题》一九三六年。

4. 问道：老师这样做行吗？

> 思考：同行、专家怎么说？
> 团队持续关注服务客户了吗？
>
> <u>认清行业环境。</u>

5. 证道：朋友服务如何？

> 思考：试点客户回答的可靠吗？代表性怎样？需要循序渐进地验证吗？
>
> <u>验证判断和方向的准确性。</u>

参看毛泽东选集《战争和战略问题》一九三八年。

6. 知道：我真的明白了！（始终）

思考：如何形成统一的思想、战略规划和核心竞争力？
团队都知道和赞同吗？

<u>清晰企业战略和核心优势。</u>

参看毛泽东选集《矛盾论》一九三七年。

7. 走道：跟我来！

思考：谁是榜样？怎样提高效率？集中优势兵力打歼灭战，保持甲方状态吗？

<u>塑造榜样，优化机制。</u>

参看毛泽东选集《实践论》一九三七年。

8. 守道：我就是我，不一样的烟火！

思考：这就是我的企业文化吗？我有积累吗？
排除干扰，变与不变。用过程的眼光看阻力。

<u>无论诱惑还是阻碍，坚持不动摇。</u>

参看毛泽东选集《论持久战》一九三七年。

9. 得道：计划顺利完成！

　　思考：我走了多远？回首来时的路。

　　认清成果实现的前因后果。

参看毛泽东选集《中国革命和中国共产党》一九三七年。

10. 成道：这是我们的核心价值观！我们将矢志不渝！

　　思考：总结企业的核心竞争力和完整的实施模式。

　　形成完善的企业文化和发展模式。

参看毛泽东选集《新民主主义论》一九四〇年。

11. 传道：老大，你也可以这样。

　　思考：谁是我可以整合的团队？

　　认清资源，完成整合。

参看毛泽东选集《论联合政府》一九四五年。

12. 布道：这就是天道！

　　思考：如何完成病毒式复制？

　　我已变成谁了，新的使命？！

感 谢

过去的老师：

伏　　羲：一生二、二生三、三生万物；
释迦牟尼：色即是空，空即是色；
孔　　子：中庸之道；
孟　　子：大学之道，在明明德，在亲民，在止于至善。物有本末，事有始终，知所先后，则近道矣。
王 阳 明：格物致知；
爱因斯坦：广义相对论；
薛 定 谔：量子力学；
毛 泽 东：矛盾论、改造我们的学习、战争论。

现在的老师：

如　　平：弘扬传统文化，体验开悟人生；
曾 英 杰：凡事既合情又合理；
左　　磊：要学会选择，而不是被诱惑。

后 记

　　本书对创业规律和本质的阐述，涉及中国传统文化及现代量子物理的范畴，大多数内容和论点对您而言可能耳目一新，无论您是犹豫、认同或是恍然大悟，只要有所触动，就是我们的心愿。

　　我们希望，本书是您点燃思维火炬的星星之火，让您重新思考世间万物的关系，重新审视对自我、家庭、社会、世界的既定观念，通过本书带来的颠覆、引导或开悟，洞察这些事物与关系的本质规律，重新建立处事、行事之道，并以此指导创业行为。从此意义上来说，本书超越了创业指导的范畴。

　　但我们要告诉您，这些只是线索，是一把打开智慧大门的钥匙，是您畅游哲学世界的开始、洞察宇宙先机的桥梁。因为，"说便是错"，写就更局限了，所有的真理都有其成立的局限性条件，本书亦然。

　　在本书中，我们的论述更多的是基于大概率和大部分代表情况的范畴，不包括偶然发生的小概率事件和特殊情况，那不是我们探讨普遍规律的范围。所以，希望您能把握普遍规律，根据具体情况，灵活运用，在各个方面充分理解和使用"因果观"和"处事善能"，这是中国传统文化中庸之道的精髓，也是"止于至善"的境界，更是世界和谐的基础、保持可持续发展的必要条件。

　　中国需要有自己的先进思想，在继承传统文化精髓、吸收现代文明成果的基础上，根据时代要求进行发展和进步。只有强大的思想才能带来可持续的发展。思想是思路的源泉、出路的基础、发展的动力源。

本书希望读者从长期的服从式教育桎梏中挣脱出来，首先成为思想的创新者、思想创业的实践者，首先解决"悟"的问题，事业才会有更大的希望，才有强劲持续发展的动力。中华民族的伟大复兴从思想始，我们愿为此尽绵薄之力。生逢其时，所有的创业者都是敢于勇立潮头的弄潮儿，愿我们不辜负这个伟大的时代。

中国近代最大的"创业者"是毛泽东同志，作为哲学理论的实践者与发展者，他的思想特别值得学习和研究。本书的很多思想都得益于《毛泽东选集》中的著述。至今，许多创业者或企业家都在以毛泽东思想为指导进行企业的运营和管理，并取得了巨大成功。建议创业者和读者朋友们，一定认真阅读《毛泽东选集》，深刻感悟伟人的思想，相信一定会有所助益。

欢迎广大读者对本书提出宝贵意见和建议，与我们互动交流，"真理无穷，进一寸有一寸的欢喜"。欢迎您加入《创业哲学》研习社，与更多同道中人相识相知。

加入请扫以下二维码：

这是人类第一次将复杂且不好把握的创业行为,翻译成清晰和可推演的物理现象。

山东创业职业培训学院
山东梦想谷创业帮扶中心
二〇一六年十月